Schmid Christian Heinrich

Theaterchronik

Schmid Christian Heinrich

Theaterchronik

ISBN/EAN: 9783744702027

Hergestellt in Europa, USA, Kanada, Australien, Japan

Cover: Foto ©Thomas Meinert / pixelio.de

Weitere Bücher finden Sie auf **www.hansebooks.com**

Theaterchronick

herausgegeben

von

Christian Heinrich Schmid,

Doctorn der Rechte, und Professorn

der Beredsamkeit und Dichtkunst.

Gießen,

In Kriegerischen Verlag 1772.

An

Herrn

Johann Gottlieb

Willamov,

Professorn zu Petersburg.

schaft mit den Schicksalen meiner liebsten Kunst zu erhalten suchen, und am Pulte mich mit dem beschäftigen, was ich sonst vor Augen hatte. Vielleicht ist es **Ihnen** nicht ganz unangenehm, wenn **Sie**, in noch größerer Entfernung, einige Nachrichten durch mich erhalten, die ich, nach eben dem Plane und aus eben den Absichten, wie im **Parterr**, mittheile. Nur hoffe ich es jezt **vierteljährig** zu thun, und habe noch immer keine **Wiener** Nachrichten geliefert; doch diese Lücke wird das **zweite** Stück reichlich ersezen. Ungern, ich gestehe es, entsagte ich meinem vorigen Titel; allein alle Umstände des ehmaligen **Druckorts** des Parterrs nöthigten mich dazu. Ich kenne **Ihre** Billigkeit zu sehr, als daß **Sie** mir die herrschsüchtigen Absichten eines Censors zutrauen, und **Ihre** Nachsicht zu gut, als daß **Sie** die Mängel meiner Schrift nicht verzeihen sollten.

Inn=

Innhalt.

XII. Das

I.

Die Apotheke, eine komische Oper in zwey Aufzügen, Leipzig in der Dyckischen Buchhandlung 1772. S. 96. und ein Bogen Vorrede.

Der Verfasser meint in der vortreflichen Vorrede, welche er seiner Oper vorangesetzt, daß ein Possenspiel ein Ding sey, das sich sehr gut sehen lasse. Unvergleichlich muß sich das seinige sehen lassen, es ist überaus theatralisch. Das sich mittelmäßig lesen lasse. Wie muß sich das seinige sehen lassen, da es sich weit mehr als mittelmäsig, da es sich so angenehm lesen läßt! Es war mir, nachdem ich einen grossen Schwall neuer deutscher Schauspiele von voriger Messe verschlungen hatte, und zu diesem kam, als wenn ich aus einer Gesellschaft fader Pedanten oder alltäglicher Gesichter in ein Chor lebhafter und witziger Jünglinge versetzt würde. Solche Schriftsteller, wie der Verfasser, können unsre komische Bühne von dem Vorwurfe des Schläfrigen, des Faden retten. Seine Sprache hat Saft und Kraft, sein Stück gleicht einem frischen gesunden

Körper, da die Stücke so vieler andrer die Auszehrung zu haben scheinen. Sie ist kein französiches Paperlepap, sonderu so chacharacterisch, so voller Natur, daß es scheint, sie habe einem jeden einfallen müssen. Man findet einen Plautinischen Reichthum an Einfällen, so viele neue Wendungen, so glücklichen Witz, daß man am Ende verdrüßlich wird, daß das Stück nicht länger ist. Die Kürze, die Precision, das rasche Feuer des Dialogs, Tugenden, die man, ausser Leßings Schauspielen, bey deutschen Dichtern nur sparsam findet, alle diese findet man hier vereinigt.

Die Arien können zwar, wegen ihres Innhalts, von Seiten des poetischen Ausdrucks weniger glänzen, da die meisten nicht Empfindungrn, sondern Lachen erregen sollen; aber sie haben die komische Wendung und die Leichtigkeit, welche ihr Endzweck erfordert. Zur Probe folgende:

Des Richters Frau ein Ohrgehenk,
Von Band und Spitzen ein Geschenk,
Auch Hermelin mit Schwänzen – –
Giebt günstige Sentenzen!

Ihm selbst ein Faß vom Rheine her,
Von edlem Acht und Vierziger,

In

In Gold und in natura – –
Gilt mehr als alle iura.

Ein fett Gericht auf seinen Tisch,
Ein Häschen, einen leckern Fisch,
Und einen Rinderbraten – –
Schlägt alle Advocaten!

Die Vorrede ist geschrieben, philosophisch zu erweisen, daß sich dergleichen Schauspiele nicht so leicht schreiben lassen, als man meint. Nicht also so wohl für die, welche verächtlich auf komische Opern herabblicken, ohne je philosophisch darüber nachgedacht zu haben, als für die, welche sich durch die Philosophie gleichgültig gegen die wahre vim comicam machen lassen. Die Franzosen bekennen, daß es die Schuld des jetzigen Jahrhunderts sey, daß sie die wahre Komödie verlohren. Wenn sie sich eines philosophischen Jahrhunderts rühmen, so können wir es gewis noch mit mehrerem Rechte thun. Die Erfahrung hat es gelehrt, daß unter uns die Nachbeter grosser Kunstrichter die Philosophie nur gar zu sehr misbrauchen, den Werth grosser Genies herabzusetzen. Wie oft hört man junge Leute, die einige Belesenheit in unsern kritischen Schriften besitzen, Homern als einen kalten Mythologen, Wielanden als einen abentheuerlichen Schwärmer, Kramern als einen Reimer, Weißen als ei-

 nen

nen polygraphischen Nachahmer der Ausländer, Gellerten als einen Schwätzer lästern? Möser wollte durch seine vortrefliche Apologie den Harlekin wieder in seine Rechte einsetzen. Dieser Philosoph will vorbeugen, daß wir uns nicht abdisputiren lassen, was wir noch haben, das Starke, das Molierische Komische. Da man stärkere komische Züge schon da anstößig gefunden, wo sie doch nicht den Hauptton ausmachten, so muste der Verfasser der Apotheke für sein Stück freilich alles befürchten. Herr Weiße hat sich zu seinem Hauptton die ländliche Naivität (oder, damit man sie nicht mit der arkadischen verwechsele, die bäurische Naivität) erwählt. Aber dem Zuschauer und dem Leser muß es eben deswegen erfreulich seyn, wenn sich mehrere grosse Genies der komischen Opernbühne annehmen, weil auf die Art mannigfaltige Manieren ein mannigfaltiges Vergnügen erwecken.

Dergleichen Stücke, bekennt der Verfasser, lassen sich nicht, wie das edlere Lustspiel in einem Feuer fortschreiben. Es fällt einem Mann, der sich zu etwas bessern fähig fühlt, schwer, dabey auszudauern. Er wünscht, daß man aus allen Possenspielen Operetten machen möchte. So gern man sie sieht, so affectirt man doch gern den Schein, als ob man sie verachtete. Für solche Schamhafte bliebe dann der

Vor-

Vorwand übrig, daß sie nur der Musick wegen hineingiengen. Bey dieser Gelegenheit bestätigt der Verfasser (S. VIII.) das, was ich schon im Parterr erinnert, daß nemlich die Operetten dazu dienen, den gemeinen Mann mit bessern Liedern zu versorgen, als er bisher gehabt.

Das Possenspiel schildert Thorheiten und Laster der niedern Stände. Nun so ist es doch ein Gemälde eines Theils des menschlichen Legens, nur muß es ein wahres, ein treffendes Gemälde seyn. Man kann sie nicht treffender machen, als sie der Verfasser der Apotheke gemacht. So bürgerlich die Sitten dieses Stücks sind, so anziehend ist es gleichwohl. Vorzüglich nehmen sich die beyden Mädchen aus, wahre deutsche Originale, das eine ein schmeichlerisches und lüsternes Ding, das andere eine kleine Heuchlerinn, die ihre Empfindungen gerne vor andern und vor sich selbst verbergen möchte. Der junge Stutzer Vincent wit seiner Romanensprache, und der Advocat Reiger konnten nicht schöner geschildert werden. Liebesscenen sind nun so oft von den komischen Dichtern bearbeitet, daß sie selten mehr gefallen, weil immer einer den andern abschreibt. Die Liebesunterhaltung zwischen Krönchen und Reiger ist eben dadurch so neu und anziehend, weil sie der Verfasser aus der Natur geschöpft.

 Wenn

Wenn Krönchen ihrem Vater um den Bart geht, wenn sie ihn überredet, sie habe Reigern ausgescholten, wenn Fiekchen ihre Eifersucht wider ihren Willen verräth u. s. f. welche treffende Gemählde!

Die höhern Stände können sich durch die Possenspiele den Schaden ersetzen, den ihre Entfernung von den niedern Ständen bringt. Sie können daraus lernen, daß gesunder Verstand, Witz, jedes Talent, jede Vollkommenheit, auch bey rauhen Sitten nnd Mangel des äußern Anstandes bestehen kann. Wenn nur viele Hofrathstöchter Krönchen und Fiekchen wären!

Die Vornehmen können bey Gelegenheit die Urtheile der Niedern über sich höreu. Das ist auch in der That die Absicht der Dichter, wenn sie niedre Personen erwählen. Moliere wählte vornemlich deswegen den Misantropen, damit er unter der Maske desselben die Wahrheiten, die er auf dem Herzen hatte, desto freier und derber sagen konnte. Der Geistliche, der Richter, der Arzt, jeder kann sich aus dieser Apotheke eine ersprießliche Wahrheit hohlen.

Artigkeit und Wohlstand führen Zurückhaltung mit sich, die Personen, welche im Possensenspiel auftreten, sagen die Wahrheit plumper, aber auch kräftiger. So wie in diesem Stücke ein Klystier ein Klystier heißt, so wird auch jede Thorheit bey ihrem eigentlichen Namen genennt.

In den meisten Possenspielen vom Ursprung der Komödie an, treten gemeiniglich zwey Personen auf, ein Dummer, der sich vexiren läßt, und ein Witziger, der den andern vexirt. Dumme Personen giebt es hier drey, deren Dummheit jedoch unterschieden ist. Der Apotheker Enoch ist leichtgläubig, der alte Vincent besitzt eben so viel Einfalt, als Aberglauben an das Ceremoniel, der junge Vincent ist ein Etourdi. Die Etourderie des letzteren erzeugt die beste Scene des Stücks, die achte im zweyten Act. So wie es in unzähligen Stücken Dumme giebt, so liessen sich auch unzählige Etourderien aus andern Komödien anführen, welche mit dieser Aehnlichkeit haben, vornemlich die in einem Stücke von Fagan. Aber kein andrer Dichter hat sie so gut benutzt. Je mehr Personen in jener Scene beysammen sind, desto mannigfaltiger und schöner sind die Wirkungen des Misverständnißes.

Der Dichter muß sich hüten, bey solchen Gelegenheiten, einfältige Gutherzigkeit verächtlich zu machen, und auf der andern spitzbübischen Witz zu entschuldigen. Enoch ist kein gutherziger

ziger Mann, und Krönchen keine Spitzbübinn. Der Herr von Haller hat auf die nemliche Regel schon oft in den göttingischen Anzeigen mit Recht gedrungen. Nur scheint er mir in der Anwendung derselben auf den Moliere zu ungerecht gewesen zu seyn.

Der Dumme ist noch lächerlicher, wenn er sich klug zu seyn dünkt. Wie viel weiß sich Herr Enoch auf seinen Witz z. E. S. 7.

Hahahaha!
Die Närrin hier, der Narre da,
Es regt sich keines wieder.
So schnell, wie der Blitz,
Erhub sich mein Witz,
Und schlug sie kläglich darnieder;
Die Närrin hier, den Narren da,
Hahahaha!

Daraus ist nun freilich nicht viel zu lernen; unterdessen ist es immer noch nöthig, die Affectation lächerlich zu machen. Nur muß der Dichter nicht die Einfälle seiner Vorgänger nachschreiben — dessen man kann den Verfasser gewiß nicht beschuldigen — er muß auf seine Zeiten Rücksicht nehmen.

Ist

Ist ein Stück nur ein Gewebe von Einfällen, so hat der Dichter allerdings keinen höhern Rang, als ein Spaßmacher, wenn seine Einfälle aber nur gut sind, so trägt er doch zur Beförderung des Vergnügens seiner Nebenmenschen bey.

Die beste Art Einfälle ist, wo Ungereimtheiten gesagt werden, unter denen etwas vernünftiges steckt. Wenn Enoch seine Wut sogar an dem Hunde des Advokaten ausläßt, ist das nicht ein wahrer philosophischer Gedanke? Des Balbiers episodische Scene ist eine Ausführung von der Wahrheit in folgendem Epigramm:

Der Hypochonder Trax baut sich, wie Jakob Böhme,
Auf seine Blähungen Systeme.
Der Philosoph Marull liest seine Schrift und spricht,
Beym Plato! nein das leid ich nicht;
Wie ungereimt sind diese Lehren!
Jetzt stürz ich ihren Grund, und will nicht eher ruhn,
Der Thor! Er wird ihn schön bekehren!
Wie kann Vernunft den Grund der Schwärmerey zerstören?
Das muß der Apotheker thun!

Was der Verfasser von den Entwicklungen sagt, kann allen Einwürfen wider die seinige vorbeugen. Der gewonnene Proceß löst oder zerschneidet den ganzen Knoten.

II.

Nachrichten von der Seilerischen Gesellschaft.

Von Lübeck reiste die Gesellschaft im Herbst 1770. nach Hannover, welches bisher immer der Mittelpunct aller ihrer Reisen gewesen. Sie eröfnete die Bühne daselbst den 25. October mit der **Liebe auf dem Lande**, und einer Rede von Herrn **Michaelis**. Die Sänger der Seilerischen Operette sind bereits in dem **Parterr** characterisirt worden. Herrn **Liebigs** Stimme hat daselbst das verdiente Lob erhalten. Aber aus dem, was man daselbst über seine Action erinnert, wird man von selbst urtheilen können, daß Hänschen keine Rolle für ihn ist. Die so genannten Mezzocharactere gehören für ihn, nicht aber, so süsse Liebhaber, wie Hännschen. **Madam Koch** läßt sich in Ansehung des stummen Spiels mit der Steinbrecherinn gar nicht vergleichen, aber sie sprach doch ihre Rolle meistens gut. Herr **Günther** ist Schösser,

ser, und Herr **Böck** der Fürst. Letzterer beobachtete das Kostume so streng, daß er im letzten Acte nicht mehr im Jagdkleide, sondern ordentlich angezogen, und noch dazu in Uniform erschien, weil sich Hänschen anbietet, unter seinem Regimente Dienste zu nehmen. Nach dem Fall des Schössers vom Dache hat man Weissen und Hillern ein Terzett untergeschoben, wovon die Music vortreflich, aber die Verse herzlich schlecht sind.

Von der **verstellten Kranke** (den 26. October) kann man das Parterr nachsehen. Es hiesse von **Madam Brandes** eine Unmöglichkeit verlangen, wenn sie diese Rolle so niedrig spielen könnte, wie sie Goldoni gedichtet hat. Auch den tauben Apothecker brauche ich nicht noch einmal zu rühmen. Ich setze nur die Kleinigkeit hinzu, daß Herr **Eckhof** die Zeitungen in den ersten Scenen hinten in seinem Laden liest. Da versteht man ihn nicht recht wohl, und es gehen viele Einfälle verloren.

Zum Nachspiel folgte darauf: die **Comödie aus dem Stegreife** von Poisson. Diejenigen, welche bey dieser Gesellschaft die Dorfschauspieler zu copiren haben, sind Herr **Eckhof**, und Herr **Hensel**; beide geben den Zuschauschauern genug zu lachen. Damis und Isabelle sind Herr und Madam Brandes.

Den 29ten October war der Teufel los. Der Schuster ist Herrn Günthers Rolle; er hat sie am meisten studiret, und verläßt sich hier minder blos auf seine natürliche Gaben, wie im Parterr an ihm bemerkt worden. Herr Brandes ist Mikroscop.

Von der zu zärtlichen Zurückhaltung (den 30sten Oct. habe ich nichts neues zu sagen.

Das Nachspiel war: der Mann nach der Uhr. Herr Eckhof als Orbil, und Herr Hensel als Magister Blasius hoben diese Posse. Herr Hippel hat viel aus dem Moliere gestohlen, und alles bis zum Eckel outrirt, Herr Eckhof thut keines von beiden. Es könnte jemand den nemlichen Character auf eine edlere Art in Destouchens Manier bearbeiten. Die Pünctlichkeit, die Nettigkeit, die Liebe zur Ordnung könnten alsdann zwar mehr an den Eigensinn grenzen, aber der Mann könnte uns doch trotz seiner Grille, mehr lächerlich als liebenswürdig seyn. Den Mann von Geschäften hat noch kein dramatischer Dichter geschildert, die Accuratesse würde unstreitig eine seiner Hauptugenden seyn müssen. Von der

Demoi-

Demoiselle Niebuhr, welche die Liebhaberinn macht, mache ich mir keine sonderliche Hofnung. Sie scheint nicht viel Lust zu haben, ihr natürliches Phlegma zu überwinden. Wie wenig wuste sie die vielen Ja, die sie dem Vater zu antworten hat, abzuändern! Das Gesinde ist in diesem Stück ziemlich impertinent. Herr **Dobler** machte den Bedienten durch sein Spiel noch frecher. Der Liebhaber ist Herr Meyer.

Wegen der Haushälterinn (den 31. October) beziehe ich mich abermal auf das Parterr.

Das Ballet hieß: **Die Seeräuber.**

Den 1sten November ward auch der zweyte Theil des Teufels nachgehohlt.

Den 2ten ward Trau, Schau, Wem, von Herrn Brandes gespielt, ein Stück, das schon so oft sehr rühmlich beurtheilt worden, und dem noch neuerlich selbst die Franzosen Gerechtigkeit widerfahren lassen. Ob es gleich das regelmäsigste unter den Lustspielen dieses Dichters ist, so thut es doch auf dem Theater nicht die Wirkung, welche der Schein betriegt, und der Graf Olsbach thun. Unstreitig, weil hier nicht so viel mannigfaltige, und nach dem Leben geschilderte Characktere auftreten. Der schönste Charackter ist unstreitig der Graf

Wer-

Werlingen. Herr Pips ist zu hervorstechend gearbeitet, besonders werden Herr und Frau von Dormin zu sehr durch ihn verdunkelt. Ein paarmal hat der Verfasser die Bühne einen Augenblick leer gelassen, wie zum Ende der achtzehenden Scene im ersten Acte. Der dritte Act schließt sich überaus theatralisch. Die Idee des falschen Duells hat Herr Brandes der Amalia von Fielding zu danken. Herrn Eckhofs Action als Graf Werlingen war unwiderstehlich. Niemand konnte sich in der eilften Scene des vierten Acts der Thränen enthalten. Die Wirthsrollen sind Herrn Hensels wahre Sphäre. Er hat nicht das heftige komische Feuer, welches Karrikaturen erfodern, aber viel Natur. Das edle Kammermädchen Lorchen konnte nicht schöner besetzt werden, als mit Madam Brandes. Thoreck ist ein kaltblütiger Bösewicht, aber Herrn Kessels Kälte war Frost. Die leidende Unschuld ist nicht ganz die Sphäre der Madam Hensel; und die Frau von Dormin ist eine Rolle, die die Schauspielerinn nicht sehr erhitzen kann. Herr Böck drückt die verbißne Wut, und die Ausbrüche der Heftigkeit in der Rolle des Dormin sehr gut aus; nicht so glücklich ist er in Scenen der Erkennung und des gerührten Herzens, wie in der letzten Scene dieses Stücks. Vornemlich fehlt es alsdann seinem Gesicht an Ausdruck, welches aber mehr ein

ein Naturfehler, als die Schuld dieses einsichtsvollen Mannes ist. Herr **Dobler** travestirt den Conrad in einen sehr eckeln Bedienten, er sprach so gar mit vollem Munde. Weit besser machte Herr **Bösenberg** seinen Ernst. Herr **Brandes** ist Graf Olborn. Würde, aber nicht Wärme!

Der bekannte **Herzog Michel** war diesmal die Zugabe. Man wird sich vielleicht wundern, daß **Madam Hensel** darinn als Bäuerinn auftritt. Aber ihre vortrefliche Deklamation der Verse söhnt den Zuschauer bald mit ihrer Figur aus. Wer konnte in Ansehung der Deklamation hier wohl besser mit ihr gepaart werden, als **Eckhof**? Den Andres macht **Herr Brandes**.

Den 5ten November ward wiederum ein Stück von Herrn **Brandes**, und zwar sein Meisterstück der **Graf Olsbach** gegeben. Wer diese Gesellschaft im Lustspiel will glänzen sehn, der darf die Vorstellung des Graf Olsbach nicht versäumen. In keiner sind die Rollen alle so vortreflich ausgetheilt. Der originelle Charackter **Stornfels** gehört zu den Meisterrollen eines **Eckhof**. Die störrische Redlichkeit, der misantropische Edelmuth, der würdige Stolz kann nicht vortreflicher ausgedrückt werden. Jedes Wort durchdringt das

Herz

Herz. Nichts aber geht über den Ton, womit er sagt: **Das thut weh!** Andre Schauspieler spielen diese Rolle blos ins launigte und plumpe; nur Eckhof weiß sie auch unserm Herzen wichtig zu machen. Graf Olsbach ist recht für Herrn **Böck** geschrieben. Die Philosophie dieser Rolle verlangt etwas Kälte, der Konversationston der feineren Welt gelingt Herrn Böck vortreflich, und die tragischen Deklamationen, in welche er zuweilen überzugehen hat, haben deswegen Feuer, weil hier die warmen Stellen nur Intervalla sind. Seine Schwester, **das wakre Mädchen**, wird von Madam **Brandes** allerliebst gespielt, mit einer Feinheit, dergleichen man an deutschen Schauspielerinnen nur selten rühmen kann. Kulpel kann nicht schöner vorgestellt werden, als ihn Herr **Hensel** vorstellt. Die bedachtsame Langsamkeit dieser Rolle ist seinem Temperamente vollkommen angemessen. Herr **Brandes** selbst war so überredend, als es ein Freund wie Wernin seyn muß.

Den 6ten November ward der **lustige Schuster** wiederhohlt.

Den 7ten November ward **Romeo und Julie** aufgeführt, wovon im **Parterr** bereits Nachricht gegeben worden.

Den 8ten November: **die Ueberraschung**

der

der Liebe und des Zufalls, und die Weinlese. Von beiden Stücken ist im Parterr geredet worden.

Den 9ten November: Lottchen am Hofe. Ist auch schon da gewesen.

Den 12ten November: Sidney von Gresset. Herr Lessing hat bereits Eckhofen die verdienten Lobsprüche über diese Rolle gemacht; er unterstützt dieses Stück fast allein, das sonst sehr langweilig ausfallen würde. Nach ihm am meisten Madam Hensel als Rosalia. Dem. Bösch, eine Niece von Herrn Böck von vieler Hofnung, gefiel als Mathurine. Herr Hensel ist zu einem Kammerdiener, und zu einem so philosophischen, wie Dumont, gar nicht gemacht. Herr Böck spielt den Hamilton, und Herr Knüdel der Theatermahler, den Gärtner.

Drey Acte und drey Acte machen sechs Acte, und sechs Acte sind eben so viel, als fünf Acte und ein Act, daher wurden diesen Tag zwey Stücke von drey Acten gespielt. Die Zuschauer aufzuheitern, welche Sidney mürrisch gemacht hatte, folgte der Advocat Patelin, diese uralte Farce, die, wenigstens wegen der Scene vor Gerichte, noch einigen Werth hat. Nur solche grosse Schauspieler, wie ein Eckhof, können so schnelle Uebergänge, wie der von Sidney auf den Patelin, mit Glück wagen. Auch hier ist mir der Verfasser der Dramaturgie mit dem Lobe zuvorgekommen. Madam Patelin, Madam Böck, Herr Wilhelm der Kaufmann, Herr Hensel machten ihre Sachen auch ganz gut. Desto schlechter Herr **Dobler** als Schäfer, Herr **Heinsius** als Valer, Madam **Dobler** als Colette, Dem. **Niebuhr** als Henriette und Herr **Knüdel** als Richter.

Den 13ten Nov.: abermals **Lottchen am Hofe.** Denn zu Hannover ist der Geschmack der komischen Opern der herrschende.

Die Vorstellung des **Zerstreuten**, welcher den 14. Nov. gegeben ward, ist bereits im Parterr beurtheilt.

Zum Nachspiel war **Elysium** von Herrn Jacobi, welches immer noch gefällt, unerachtet es, seiner ersten Veranlassung nach, ein Gelegenheitsstück gewesen. Wessen Herz bey der Lectüre desselben kalt geblieben, der sehe es vorstellen, und er kann nicht unerweicht bleiben. Die göttliche Musick von Herrn Kapellmeister **Schweitzer** bezaubert eben so sehr, als der empfindsame Dichter. Nichts wünschte ich mehr als unter einer solchen Arie, als wie die: **Welche Fluren, welche Tänze** 2c. so wohl der

der Poesie als der Musick nach ist, aus dieser Welt in jene hinüberzuschiffen. Hier hatte **Madam Koch** alle Gelegenheit, ihre schöne Stimme bewundern zu lassen. Themire ward von **Madam Böck** überaus rührend gespielt. Herr **Böck** ist Lindor, und des Gesangs wegen Herr **Liebig** Erast.

Den 15ten Nov.: **Der Galeerensclave**, von dem schon Nachricht ertheilt worden. Den Beschluß machte ein Ballet: **Die Rekruten.**

Den 16ten Nov. ward der **lustige Schuster** wiederhohlt.

Den 19ten Nov.: kam der **Lügner** von Goldoni aufs Theater, eines von denen Stücken dieses fruchtbaren Dichters, welches zu sehr im italiänischen Geschmack geschrieben ist, als daß es in Deutschland grossen Beifall finden könnte. Herr **Brandes** hat den Anselmo, und **Madam Brandes** hat ihr naives Mädchen, welche Rolle sie bey Herrn Koch schon so gut spielte, behalten. Der Lügner ist Herr **Böck**, Balanzoni Herr **Eckhof**, der furchtsame Liebhaber Herr **Meyer**.

Den 20. Nov.: **Lisuart und Dariolette.** Meine Leser werden die Rollen von selbst austheilen können, ohne daß ich sie anzuzeigen nöthig hätte.

Den 21. Nov.: Der Zweikampf von Schlosser. Wie wichtig unbedeutende Rollen durch grosse Schauspieler werden, konnte man diesmal in dem Beyspiele Herrn Eckhofs, und der Madam Böck sehen. So nachlässig der Dichter diese Rollen bearbeitet hat, so sehr wurden sie von ihnen belebt. Ihre Tochter Madam Brandes hatte Naivität und Empfindung auszudrücken, und man weiß, daß dieses die eigentlichen Talente dieser Schauspielerinn sind. Leander Herr Böck schien mir in einigen Scenen zu kalt zu seyn. Herr Brandes hat noch seinen Obristen. Die beiden Bedienten sind Herr Hensel, und Herr Bösenberg.

Zum Nachspiel ward die Weinlese von Dancourt gegeben.

Die Vorstellung des Hausvater (den 22ten Nov.) ist schon im Parterr gerühmt worden. Den Beschluß machte ein Ballet: Die Engländer.

Den 23ten Nov.: Der Verleumder von Destouches. Wenn irgend eines Dichters Schauspiele eine vollständige und zahlreiche Truppe erfodern, so sind es die von Destouches, welche so viele und so mannigfaltige Characktere haben. In diesem Stück z. E. muste die ganze Gesellschaft daran. Es kommen drey Liebha-

Liebhaber darinnen vor, einer muste also nothwendig von Herrn Kessel verdorben werden. Den Valer machte Herr **Meyer** ganz gut, als welchem die Bösewichter im Trauerspiel und Lustspiel selten mislingen. Wird er sich nur etwas weniger Gesten angewöhnen, so wird man ihn immer gern sehn. Sein Accent wird auser Niedersachsen misfallen, aber das wird schwerlich zu ändern seyn. Ein Stück, welches zwey Kammermädchen erfodert, muste eine Gesellschaft, die damals kaum ein gutes hatte, in Verlegenheit setzen. Baron und Baronin waren **Hensel** und Madam **Böck**, der Marquis de Richesource, Herr **Brandes**, Isabelle Madam **Brandes**, Mariane Madam Hensel, Leander Herr **Böck**, Damon Herr **Eckhof**.

In Ansehung der **jungen Indianerinn**, die darauf folgte, verweise ich auf das Parterr.

Den 26ten Nov. ward die **verstellte Kranke** wiederhohlt. Das Ballet hieß: die **Maskerade**.

Den 27sten November: **Lottchen am Hofe**.

Den 28sten November: die **Familie auf dem Lande** von Madam **Hensel**, ein Drama, wozu sie, wie bekannt, den Stof aus der Miß Bidulph entlehnt. Die wichtigste Rolle

 dieses

dieses Stücks, die Karoline war Madam Brandes zu theil worden, und sie drückte die Raserey so schön aus, daß ich wohl wünschte, es brächte jemand die Klementina mit Richardsons Geiste auf die Bühne. Madam Brandes würde sie mit demselben Geiste spielen. Die hervorstechendste Rolle nächst dieser ist der auffahrende Lord Hamilton, diesen machte Herr Hensel, wie alles, was er macht. Lady Danby war Madam Hensel, Charlotte Madam Böck, Drummond Herr Eckhof, Karl Herr Böck.

Das Nachspiel war: der **Bauer mit der Erbschaft** von Marivaux. Vom Könige bis zum Bauer ist unser deutscher Roscius unnachahmlich, gleich groß als Richard, und als Jürge in diesem Stück. Nur wird diese Rolle, ausser Niedersachsen von der Wirkung nicht seyn, da die Uebersetzung im Niedersächsischen Dialeckt geschrieben ist. Herr Meyer macht den Sohn des Jürge, und hier kommt ihm sein Dialect zu statten.

Den 29sten Nov. ward die **Zelmire** von Belloy vorgestellt. Die Lobsprüche, welche Herrn Borchers in der Dramaturgie über die Rolle des Polydor gemacht worden, gelten alle, wie niemand zweifeln wird, auch von Eckhof. Madam Hensel thut sich als Zelmire hervor u. s. w. Von der Uebersetzung hat

hat die Dramaturgie hinlängliche Nachricht ertheilt. Das Ballet hieß: die **Rekruten**.

Den 30sten November ward **Lisuart** wiederhohlt.

Der **Projectmacher** (den 3ten December) thut unter den Weissischen Stücken auf dem Theater die wenigste Wirkung, unstreitig deswegen, weil der Dichter theils auf die übrigen Charaktere theils auf den Plan zu wenig Fleiß verwandt. Der Projectmacher ist Herr **Eckhof**. Hierauf folgte ein Ballet: der **Jahrmarkt**.

Den 4ten December ward der erste Theil des **Teufels** wiederhohlt.

Den 5ten December wurde **Melanide** aufgeführt. Darviane ist eine von denen Rollen, in welchen Herr **Böck** am meisten glänzt. Denn alle diejenigen Rollen gehören vorzüglich für ihn, die mehr emportement als Empfindung erfodern. Rosalia Madam Brandes, Melanide Madam Hensel, Dorisee Madam Böck; Theodon Herr Brandes, Marquis d'Orvigny Herr Eckhof. Das Nachspiel war: Die **verliebte Werber**, ein bekanntes Possenspiel von Dancourt, bey dem ich mich nicht aufhalten will. Die Hauptrolle hat Herr **Hensel**.

Den 6ten December sah man eine Seltenheit, nemlich ein englisches Lustspiel: das Misverständniß von Vanbrugh, aus dem vierten Theil von Herrn Schmids englischen Theater. Der wenige Beifall, welchen es fand, könnte vielleicht zur Bestätigung der Hypothese dienen, als ob kein englisches Lustspiel von deutschen Zuschauern sehr goutirt werden könne. Vielleicht misfiel an diesem Stücke vornemlich, daß der Dichter blos auf die Intrigue und fast gar nicht auf die Charaktere bedacht gewesen. Vieles trug aber unstreitig auch dazu bey, daß die beiden alten Don Alvarez und Don Felix nicht sonderlich besetzt waren. Sie wurden von denen Herrn Koch und Kessel gespielt. Don Carlos war Herr Böck, Don Lorenzo Herr Meyer, Metaphrastus Herr Brandes, Sancho Herr Hensel, Lopez Herr Bösenberg, Toledo Herr Günther, Leonora Madam Hensel, Camillo Madam Böck, Isabella Madam Brandes, Jacinta Madam Dobler. Hierauf folgte ein Ballet: der Mechanikus.

Den 7ten December wurden die verstellte Kranke und der Mann nach der Uhr wiederhohlt.

Den 10ten December abermals: die Liebe auf dem Lande.

Den 11ten December: Bramarbas. Man verlangte zu Hannover immer nur lauter lusti-

ge

ge Stücke. Die Ungerechtigkeit dieser Foderung zu zeigen, gab man den Bramarbas, und man war der lustigen Stücke sogleich überdrüssig. Wozu würde es wohl nutzen, die Namen der Schauspieler anzuführen, welche so unglücklich gewesen, in diesem Stücke aufzutreten? Hierauf folgte ein Ballet: der Jahrmarkt.

Den 12ten December ward **Lottchen am Hofe** wiederhohlt.

Den 13ten December fanden die Liebhaber des Lustigen ihre Rechnung im **bürgerlichen Edelmann**, und dies Stück war so sehr nach dem Geschmacke des Orts, daß es den andern Tag wiederhohlt werden muste. Herr Eckhof ist Jourdain.

Den 17ten December ward das Theater zu Hannover mit den **Poeten nach der Mode** geschlossen. Dunkel ist Herr Eckhof, und verdunkelt wirklich alle übrige Personen. Es erfodert diese Rolle einen grosen Schauspieler, weil es nicht leicht ist, mit Vernunft zu rasen. Man merkt es dem gemeinen Acteur gar sehr an, daß er die Rolle gar nicht verstanden, nur, wer da weiß, was Schwulst in der Sprache und in der Action ist, kann beides ausdrücken. Herr Meyer macht den Reimreich; er versteht seine Rolle, aber die souplesse geht ihm

 ab,

ab, die sie verlangt. Frau Geronte und Henriette sind mit Mesdames Böck und Brandes vortreflich besetzt. Herr Böck ist Valer, und — leider Johann Herr Dobler. Das Divertissement am Schlusse des Stücks läßt diese Gesellschaft weg.

Zum Nachspiel wurden die **verliebten Werber** gegeben.

Das Schicksal, welches noch immer unsre besten Gesellschaften von einem Orte zum andern treibt, nöthigte auch diese, Hannover zu verlassen, und sich nach Hildesheim zu begeben, wo die Vorstellungen den 26sten December mit der **Julie** des Herrn Sturz, der **Komödie aus dem Stegreife**, und einer Rede von Herrn **Michaelis** angefangen wurden.

Den 2ten Jenner 1771. wurden **Melanide** und der **Bauer mit der Erbschaft** gegeben.

Den 3ten Jenner: Das **Spiel der Liebe und des Zufalls** von Marivaux. Marivaux Stücke setzen Zuschauer von sehr verfeinerden Geschmack voraus. Herr **Hensel** ist Bourgignon, und man kann den Reichthum seines Spiels nicht genug bewundern. Scheinen einige Gesten die Anständigkeit zu beleidigen, so rühren sie unstreitig von einem unrechten

ten Begriffe her, den man sich von dieser Rolle macht, und der sich durch die Tradition erhält. Wozu die läppische Kleidung? Die Sylvia dieses Stücks ist der **Madam Hensel** Sache nicht, wie schon andre geurtheilt haben. Herr **Böck** macht den Dorant nicht lebhaft genug. Herr **Brandes** gefällt weit mehr in der Rolle des Orgon. Morio ist Herr **Ressel**.

Das Nachspiel war ein unbedeutendes Ding: Die **beschwerliche Mutter** (la mere embarrassée) bey dem ich mich auch nicht einen Augenblick aufhalten mag.

Den 4ten Jenner: **Rodogune** von Korneille nach der Meyerischen Uebersetzung in Versen. Wer **Madam Hensel** nicht als Kleopatra gesehen hat, der hat nichts gesehen; das ist mehr als zu bekannt. Welche Mannigfaltigkeit der schrecklichsten Töne! Welcher Stolz und Trotz in jeder Geberde! Welche Sterbescene! So oft ich sie in dieser Rolle gesehen, habe ich das schreckliche Bild kaum in einer Woche aus meiner Phantasie vertilgen können. **Madam Brandes** ist eine sehr schöne Rodogune. Sie versteht überaus gut, Verse zu deklamiren; nur muste sie neben einer Schauspielerinn von so eisener Brust, ihre schwächere Brust zu sehr anstrengen. Sie spielt mit eigenem innigen Gefühl; einige Flatterhaftigkeit des Feuers wird mit den Jahren verschwinden,

den, dahin gehört ein allzu unsteter Schritt, und das Hineinstürmen in den Mitspieler. Herr Eckhof hat den Antiochus an Herrn Böck übertragen. In Stellen der Verzweiflung und des heftigen Affect ist dieser Schauspieler jederzeit grösser, als im Ausdrucke der Zärtlichkeit. Herr Meyer, welcher jetzt den Seleucus hat, ist vornemlich geschickt, rauhen Stolz auszudrücken, und deklamirt überaus gut. Herr Brandes belebte die Erzählung als Timagen. Madam Böck war eine Vertraute, nicht von der gemeinen Art. Herr Hensel machte aus Noth den Oront.

Das Nachspiel war: Die Gefahren der Verführung aus den dramatischen Kinderspielen.

Den 7ten Jenner: Die Familie auf dem Lande, und der Mann nach der Uhr.

Den 8ten Jenner: Kodrus. Solche spruchreiche Rollen, wie Kodrus, bekommen in Eckhofs Munde erst ihre wahre Würde. Herr Böck ist Medon, Madam Brandes Philaide, Madam Hensel Elisinde, Arxander Herr Brandes.

Den Beschluß machte eine Rede von Herrn Michaelis und der Herzog Michel.

Die

Die Gesellschaft setzte ihren Stab weiter, und zog nach Osnabrück, wo sie den 17ten Jenner mit dem Cinna eröfnete. Das Nachspiel war abermals Herzog Michel, auch wurde ein Epilog von Herrn Michaelis recitirt. Prologe und Epiloge pflegt Madam Hensel zu halten, und sie hat dazu, so wie Madam Koch, ein ganz eignes Talent.

Den 18ten Jenner: Melanide, und der Bauer mit der Erbschaft. Freilich können bey so vielen Reisen wenig neue Stücke in Gang gebracht werden.

Den 21sten Die verstellte Kranke, und das Weibergeklatsche.

Denn 22sten Minna. Man wird zwar die Kunst und den Fleiß, der grossen Schauspielern eigen ist, in dieser Vorstellung nicht verkennen; allein die Hauptrollen stimmten nicht ganz mit dem Alter und dem Temperamente derer, die sie bekleideten. Tellheim nemlich war Eckhof, Madam Hensel Minna, Herr Brandes Werner, Herr Meyer Wirth. Weit mehr waren an ihrer Stelle: Madam Böck als Frau in Trauer; Madam Brandes als Francisca (in dieser feinen Gattung von Soubretten hat sie jetzo wenig ihres Gleichen) und Herr Hensel als Just.

Den

Den 23sten: Das Spiel der Liebe und des Zufalls, und die Matrone von Ephesus.

In der Hypermnestra von Lemiere (den 24sten Jenner) muste man die Schauspieler desto mehr bewundern, ie mehr sie hier mit der erbärmlichsten Uebersetzung zu kämpfen hatten, die, ich weiß nicht, von was für einem Spexontes herrühren mag. Wie Madam Hensel die Hypermnestra spielt, ist nicht nöthig zu beschreiben. Danaus ist eine vorzügliche Tyrannenrolle von Herrn Eckhof. Mit welcher Natur spricht dieser unnachahmliche Schauspieler auch in solchen Rollen, die so leicht über die Natur hinausreisen! Lynceus gehört zu den besten Rollen von Herrn Böck. Wenn Danaus seine Tochter zu Boden wirft, und ihr das Schwerdt auf die Brust setzt, so ist das unstreitig eines der schrecklichsten tragischen Gemälde. Auch Madam Brandes und Herr Meyer thaten sich heute sehr hervor.

Das Nachspiel war: Der Mann nach der Uhr.

Den 25sten: Trau, Schau, Wem. Nachdem Herr Kessel und seine Frau die Gesellschaft verlassen, überkam Herr Meyer den Baron von Thoreck, der ihn weit besser, aber doch ein wenig zu brüske spielt. Ueberhaupt fehlt diesem Schau-

Schauspieler im Lustspiel die nöthige Geschmaidigkeit.

Von dem Portrait des Beauchamps, das hierauf folgte, ist es genug, den Titel anzuzeigen.

Den 28sten: Die Kandidaten. In diesem vortreflichen Stücke sind vornemlich vier Personen deplacirt. Madam Kessel ist Gräfinn, Herr Böck Hermann, Madam Böck Fräulein Karolinchen, Herr Kessel Fähndrich von Wirbelbach. Wie schlecht ward Valentin von Knüdel gespielt! Am meisten thun sich noch Madam Dobler als Fräulein Christianchen, Herr Hensel als Johann, Herr Dobler als Licentiat, und Herr Brandes als Graf hervor.

Hierauf folgte ein Pas de deux.

Den 29sten: Rodogune und die Gefahren der Verführung.

Den 30sten: Der Galeerensklave und das Ballet: Die Matrosen.

Den 31sten: Der Zweikampf, und die verliebten Werber.

Den 1sten Februar; Kodrus.

Den

Den 4ten Februar: Eugenie. Eckhofen als Vater zu sehen, würde uns auch mit einem viel mittelmäßigern Stücke, als Eugenie ist, aussöhnen. Madam Hensel macht besonders das Geständniß ihrer heimlichen Verbindung vortreflich, Herr Böck hat als Clarendon viel Anstand, aber zu wenig Feuer. Drink wird durch Herrn Hensel ungemein gehoben. Sir Charles ist keine Rolle für Herrn Meyer. Madam Böck macht die Frau von Murer und Herr Brandes den Kapitain Koverley.

Hierauf folgte: Die junge Indianerinn.

Den 5ten Februar: Barnwell, oder der Kaufmann von London. Barnwell ist Herr Böck; aber, da diese Rolle viel Empfindung erfordert, so gehört sie nicht ganz für ihn. So drückt auch Madam Hensel als Millwood wohl die Wut, aber nicht das buhlerische, das verführerische dieser berühmte Rolle aus. Am schönsten spielen Herr Eckhof als der alte Oheim, und Madam Brandes als Marie.

Zum Beschluß: Das Ballet, der Mechanikus.

Den 6ten Februar: Der Triumph der guten Frauen; und die Heirath durch Wechselbriefe, ein sehr unwichtiges Nachspiel in schlechten Versen. Herr Eckhof und Herr Böck machen die Hauptrollen.

Den

Den 7ten Februar: Julie von Sturz, und Elysium.

Den 8ten: Der Teüfel ist los.

Den 11ten: Krispin als Vater vom Herrn Romanus. So vortreflich auch Herr Hensel seinen Krispin machte, so wollte das Stück doch nicht sonderlich gefallen.

Weit mehr die artige Farce von le Grand: Der Wucherer ein Edelmann, die nicht allein selbst eine schöne Satire auf die Adelsucht und die stolze Dummheit ist, sondern auch einen guten Uebersetzer gefunden hat, welcher sie im eigentlichen Verstande verdeutscht hat. Herr Eckhof macht darinnen einen Bauer; dies allein würde dem Stücke schon Beyfall erwerben. Aber auch Madam Böck, welche hier eine Dame zu spielen hat, die den vornehmen Ton affecirt, ohnerachtet ihr beständig Merkmale ihrer niedrigen Abkunft entwischen, trägt viel dazu bey. Solche einfältige und läppische Rollen, wie der Baron von Kleyenfeld, spielt Herr Dobler jederzeit sehr glücklich. Das Divertissement gefällt wegen der schönen Komposition des Kapellmeister Schweitzer.

Den 12ten. Die Familie auf dem Lande von Madam Hensel, und die Komödie aus dem Stegreife von Poison.

Den 13ten: Romeo und Julie, und das Ballet der Mechanikus.

Den 14ten: Graf Olsbach und das Ballet: Pygamlion.

Den 15: Die Die Liebe auf dem Lande.

Den 18: Der Hausvater von Diderot, und ein Ballet: Die Matrosen.

Den 19: Richard der Dritte. Wie groß Herr Eckhof in der Rolle des Richard erscheine, ist allgemein bekannt. Wer ihn noch nicht als den grossen deutschen Deklamateur kennt, der höre ihn in dieser Rolle, und bewundre ihn. Nächst ihm, ist es der Mühe werth, Madam Hensel als Königinn, und Madam Brandes als Elisabeth zu sehn.

Den Beschlus machte: das Ballet, Pygmalion.

Den 21ten: Rosemunde von Herren Weisse. Wer dieses Trauerspiel von dieser Gesellschaft vorstellen sieht, wird die Wenigkeit der Personen nicht empfinden, sondern sich vielmehr freuen, daß kein überflüssiger Vertrauter sein Vergnügen stört. Brauche ich eine Henselinn als Rosemunde wohl noch zu loben? Und einen Eckhof als Helmich?

Madam

Madam **Brandes** ist eine sehr schöne Albisvinth, und Herr **Böck** ein recht guter Longin. Wenn Hellmich die Rosemunde nöthigt, den Rest des Gifts zu trinken, so ist dies eine der schönsten malerischen Stellungen für die Bühne. Man spielt dieses Stück im römischen Kostum.

Das Nachspiel war: **Elysium.**

Den 22sten und 25sten: **Lottchen am Hofe,** so wie den 20sten der Galeerensclave wiederhohlt ward.

Den 26sten ward, wegen des Geburtstags des Bischofs von Osnabrück ein **Vorspiel** mit einem Prolog von Herrn Michaelis aufgeführt. Hierauf folgte Zelmire.

Den 27sten ward das Vorspiel wiederhohlt, und der poetische **Dorfjunker** gegeben. Henriette ist keine Rolle für die Jahre der Madam **Hensel**; die verstellte Raserey gelingt ihr besser als die verstellte Blödigkeit. Desto schöner wird Masuren von Herrn **Eckhof** gemacht. Herr von Treuendorf ist Herr **Böck**. Madam **Böck** spielt die Baronesinn meisterhaft. Herr **Brandes** hatte hier noch den Amtshauptmann, den jetzt ein gewisser **Heinzius** macht, jetzo spielt er den Baron Altholz nicht übel. Dem. **Bosch** hat alle Naivität, welche zu der Charlotte erfodert wird. Herr **Hensel** ist Michel, und Madam **Brandes** hat die sehr unwichtige Rolle, der Frau von Jagdhansen.

Das kalte Trauerspiel des Racine: **Mithridates** nach der altväterischen Uebersetzung des Prof. Witter könnte wohl der Vergessenheit überlassen werden. Alles Vergnügen, was man noch bey dieser Vorstellung, (z. E. den 28sten Febr.) empfindet, ist, zu hören, was die Kunst eines **Eckhofs** an Mithridates, und einer **Henselinn** an der Monime vermag. Hierauf folgte ein Ballet: der Morgen auf dem Lande, und ein Epilog von Herrn **Michaelis**.

Die Gesellschaft kehrte nun, so zu reden, in ihre Heimath nach **Hannover** zurück, wo sie den März, April, und die Hälfte des Mays spielte. Sie muste hier mehr, als an andern Orten, auf Neuigkeiten bedacht seyn, was sie von alten Stücken wiederhohlt, sind lauter solche, von denen schon geredet worden. Ich eile daher sogleich zu denen, die hier das erstemahl auf die Bühne gekommen.

Am Geburtstage des Königs ward ein Vorspiel von sehr origineller Erfindung aus der Feder des Herrn **Michaelis** vorgestellt: **Herkules auf dem Berg Oeta**, so nunmehro in dem **Almanache der deutschen Musen** steht.

Das

Das Testament der Frau Gottschedinnn; und das dramatische Kinderspiel: Die Belagerung von Glocester hätten immer in Ruhe bleiben können.

Hingegen erfoderte es die Ehre der Gesellschaft, den Geitzigen des Moliere auch bey sich in Gang zu bringen, zumal, da sie an Herrn Eckhof einen Schauspieler besitzt, der, nebst Herrn Koch hierzu unstreitig der einzige deutsche Acteur ist.

Der Deserteur des Herrn Mercier hat auf allen deutschen Bühnen grosses Glück gemacht, und auch auf dieser. Sstranc und Clary sind sind vielleicht auf keinem andern Theater so besetzt. Die Würde eines Eckhof und die Zärtlichkeit einer Brandes beleben diese beiden Rollen ausserordentlich. Herr Böck ist ein ganz andrer Deserteur als Herr Hempel, aber gegen Herrn Brückner verliert er ungemein. Valcour war für diese Gesellschaft die kitzlichste Rolle, da es ihr an einem Chevalier gebricht. In Ermangelung eines andern hatte sie Madam Böck übernehmen müssen. Madam Luzere wird von Madam Hensel und Hoctau von Herrn Brandes recht gut gemacht.

Die beiderseitige Probe, ein Nachspiel von Legrand bedeutet wenig. Philaminte ist Madam Hensel, Frau von Folignon Madam

 Böck

Böck, Valer Herr Böck, Frontin Herr Hensel, Lisette Madam Dobler, die ihre Sachen sehr schlecht, und Criquet Demoiselle Bösch, die sie recht gut macht.

Der bestrafte Hochmuth, eines unsrer mittelmäsigen Originale.

Semiramis ist eine von den Vorstellungen, welche dieser Gesellschaft die meiste Ehre macht. Wer Madam Hensel als Fausta, Rosemunde, Kleopatra gesehn, wird sich nicht wundern, daß sie auch die Semiramis vortreflich macht. Jedes Wort des Priesters bekommt in Herrn Eckhofs Munde das gröste Gewicht. Madam **Brandes** hat als Azema alles dazu nöthige Feuer. Der wilde Aßur kleidet Herrn Meyer sehr gut. Ninyas sticht gegen die übrigen Rollen weniger hervor, aber Herr Böck weiß dennoch diese Rolle unterscheidend zu machen.

Die **Pamela** des Goldoni fällt bey dieser Gesellschaft recht gut aus; und dies ist nicht anders zu erwarten, da Madam Böck die Frau Jervis, Herr Böck den Bedford, Madam **Brandes** die Pamela macht.

Die Menschlichkeit oder das Gemälde der Dürftigkeit, dieser merkwürdige Versuch eines Fran-

Franzosen im bürgerlichen Trauerspiel, ist so viel ich weiß, noch von keiner Gesellschaft, als von dieser aufgeführt worden. Warum er in Frankreich nicht auf die öffentliche Bühne gekommen, läßt sich begreifen. Man wird sich aber sehr wundern, wenn ich sage, daß er in Deutschland, und noch zu Hannover, unerachtet alle Kunst eines **Eckhof** und einer **Brandes** nicht gefallen wollen. Vielleicht liegt die Ursache in den allzu langen und allzu kostbaren Reden des Originals, vielleicht aber auch im Niedersächsischen Geschmacke, der insgemein die Trauerspiele gar zu heftig findet.

Der Kavalier und die Dame ist das Lieblingsstück des Goldoni, und auch bey den deutschen Zuschauern überaus beliebt. Herr Böck und Madam Hensel haben die Hauptrollen. Madam Böck ist Donna Eleonora und Anselmo Herr Hensel.

Es gereicht dem Hannöverrischen Publikum zu keiner Ehre, daß man ihm zu gefallen, so gar den pöbelhaften Jochen Tröbs vom Ast hervorgesucht hat.

Den Rest des Mays, und den Anfang des Junius brachte die Gesellschaft theils zu Hildesheim theils zu Hannover zu.

 End-

Endlich hat sie sogar Niedersachsen verlassen, und sich nach Wetzlar gewendet, wo, wegen des Zusammenflußes vieler Gesandschaften, und Noblesse, schon die Herrn Marchand und Tilli öfters gespielt hatten.

Indem sie in Begrif war, dahin zu reisen, verlor sie die Herrn Schweitzer und Michaelis. Ersterer gieng nach Hildburgshausen, letzterer nach Halberstadt.

Sie eröfnete zu Wetzlar den 28sten Junius mit **Richard dem dritten**, **Elysium** und einem Epiloge von Herrn Gotter, der in dem Leipziger Almanache steht. Man wird wenig Stücke von irgend einer Gesellschaft so vollkommen vorstellen sehn, als Richard von dieser. Eckhof, Madam Brandes, Madam Hensel, Herr Brandes thun ihr äusserstes. Auch Herr Meyer deklamirt seine Erzählung vortreflich. Die Hofnungsvolle kleine Anfängerinn Madem. Bösch spielte den York mit einer Wahrheit, mit einer Empfindung, die alle Zuschaüer hinriß. So gar Hensel wollte gut spielen, und zuweilen gelung es ihm, kurz wenn es jemals möglich war, eine vollkommene Illusion zu bewirken, so war es hier möglich.

Den 1sten Jul.: **Die Liebe auf dem Lande.**

Den

Den 2ten Jul.: Der verheirathete Philosoph. Herr Eckhof ist ein unvergleichlicher Arist, und Madam Böck ein sehr guter Marquis. Herr Böck als Damon, Herr Hensel als Geront, Herr Brandes als Lisimon erhuben sich nicht über das Mittelmäßige. Madam Hensel übertrieb die Celiante, und fiel ins ins Plumpe. Melite Madam Brandes sehr schön! Aber wie Schade war es um die schöne Rolle der Finette! Stücke von Destouches erfodern eine grosse Delikatesse des Spiels, deren Madam Dobler ganz unfähig ist. So schön übrigens Herr Eckhof seinen Arist macht, so hat er doch diese Rolle mit Herrn Brandes vertauscht. Brandes ist zu jung für einen Vater von Eckhof.

Hierauf folgte: Die junge Indianerinn.

Den 3ten: Melanide, den 5ten Hypermnestre, und der Wucherer ein Edelmann; den 6ten Advokat Patelin, und Elysium, den 8ten Minna von Barnhelm, und das Ballet: Pygmalion, den 9ten: Der Teufel ist los, den 10ten Rodogune, und das Ballet: Der Scheerenschleifer, den 13ten Triumph der guten Frauen, und das Oracel von Saintfoix, worinnen sich Madam Brandes als Lucinde hervorthat, den 15ten die verstellte Kranke.

Hier ward das erstenmal: Walder von Herrn Weiße gegeben. Sophie und Walder wurden von Madam Hensel, und Herrn Böck überaus gut gemacht. Dolmon der Vater konnte von niemand würdiger gespielt werden, als von Eckhof. Desto schlechter war Dolmon der Sohn mit Herrn Meyer besetzt. Die beyden Mädchen hätten mehr Wirkung gethan, wenn sich Dem. Niebuhr und Bösch mehr Mühe gegeben hätten.

Den 16ten Jul.: Der lustige Schuster, den 17ten Semiramis, den 19ten: Der Zweikampf und der Mann nach der Uhr, den 20sten Trau, Schau, Wem, und Herzog Michel, den 22sten Mithridat.

Den 24sten das Testament. Amalia ward von Madam Hensel gut gemacht, aber sie ist der Rolle entwachsen. Madam Brandes spielte die Karoline sehr gut, Madam Böck die Obristinn von Tiefenborn meisterhaft, Eckhof den Landräth von Ziegendorf mit viel Kunst, Herr Brandes den Doctor Schlagbalsam schön. Herr Hensel war als Hyppokras in seinem Fache. Elend hingegen machte Günther den Capitain von Wagehals. Das meiste Lob verdiente heute wohl Herr Böck als Kaltenborn. Meyer war als Kreutzweg mittelmäßig. Das Nachspiel war die Komödie aus dem Stegreife.

Hier=

Hierauf folgte: Der bestrafte Hochmuth.

Den 26sten der Hausvater, und das Ballet: Die Engländer. Den 27sten der poetische Dorfjunker, und die beiderseitige Probe, den 29sten Barnwell, den 30sten Schein betrügt, und das Ballet: Die Rekruten.

Vom August an wurden, wegen der einfallenden Kammergerichtsferien, nur zwey Vorstellungen wöchentlich gegeben.

Den 2ten August ward List über List gegeben. Herr Böck behielt seinen Valer, den er schon in Hamburg gehabt. Schlange ward von Günthern verfehlt; er hatte nicht das Schleichende seiner Rolle. Madam Brandes hatte ihre Karoline nicht gut memorirt. Madam Böck stand als Argante recht an ihrem Platze. Herr Brandes als Arist und Herr Hensel als Johann machten ihre Sachen ganz gut. Madam Dobler als Christiane wie gewöhnlich! Tulpe, Herr Meyer, elend! Das Ballet war: Pigmalion.

Den 6ten: Lottchen am Hofe, den 9ten die Poeten nach der Mode, und Elysium.

Den 13ten sahe man hier zum erstenmal: Gabriele de Vergy von Herrn Belloy. Man weiß wie sehr dieses Stück dem Fayel von d'Ar-

naud

nand nachsteht, allein Herr Gotter, der Uebersetzer desselben hatte es in drey Acte zusammengezogen, die langen Tiraden verkürzt, und einige andre glückliche Veränderungen damit vorgenommen. Fayel ist eine Rolle, worinnen Herr Eckhof seine ganze Größe zeigen kann, und niemand wird wohl zweifeln, daß er sie gezeigt hat. Die Gabriele würde vielleicht Madam Brandes besser gelungen seyn, als Madam Hensel. Wenn Couci nicht von einem Schauspieler gemacht wird, der die ganze Zärtlichkeit der Liebe ausdrücken kann, so ist es eine sehr kalte Rolle, und die war es, da sie Herr Böck hatte.

Den 16ten **Eugenie**, den 20sten Jochen Tröbs, den 29ten die zu **zärtliche Zurückhaltung** von Kelly.

Zum Nachspiel: Die **erzwungne Heirath** von **Moliere**, welche sehr gut ausfiel. Am meisten entzückte Herr **Eckhof** als **Doctor Pankratius**; er hatte mehr dann jugendliches Feuer und Fertigkeit in dieser Rolle. Der Doctor **Marphorius** ist einer von **Herrn Brandes** besten Rollen. Die Freundlichkeit und der Lakonismus derselben konnte nicht besser gemacht werden. **Sganarell** wurde von Herr **Hensel** sehr gut gespielt. Selbst eine gewiße **Madam Heinsius** hatte als **Araminde** die Satisfaction,

daß

daß sie die Erwartung der Zuschauer übertraf. Sie hat noch gar keine Festigkeit der Action, aber eine geläufige Sprache, Dreistigkeit, und Feuer.

Den 27sten Der bürgerliche Edelmann, den 30sten Romeo und Julie, den 3ten Lottchen am Hofe, den 6ten der Verläumder, und das Weibergeklatsche, den 10ten Krispin als Vater und die Matrone von Ephes; den 13ten Rosemunde, den 16ten der Galeerensklave, den 17ten die verstellte Kranke, den 18ten Sidney, der Mann nach der Uhr, und ein treflicher Epilog von Herrn Gotter.

Die Herzoginn von Weimar, welche dem deutschen Theater ihren huldreichen Schutz so oft angedeihen lassen, hat auch dieser Gesellschaft eine Freystadt gegönnt. Sie eröfnete daselbst den 6ten October mit der Eugenie. Daselbst hat sich auch Herr Kapellmeister Schweitzer wieder zu ihr gewandt, überhaupt aber die ganze Gesellschaft eine grosse Veränderung gelitten. Madam Hensel ist abgegangen, und zum drittenmal nach Wien gereist. Herr Dobler und Madam sind abgedankt worden. Herr Liebig hat seine Dimißion gefodert. Hingegen ist Madam Mecour zu dieser Gesellschaft getreten. Wie weit schöner sind nun die Soubretten durch sie besetzt! Sie wird auch einige Königinnen der

Madam Hensel machen, Madam Böck tritt in die zärtlichen Mütter, und Madam Brandes bekommt die jüngern Rollen der Madam Hensel, eine Julie, Sara, Minna, Eugenie u.s.w. Herr Schulz, ehmaliger Balletmeister bey Koch, bekommt Doblers Bedienten, singt in den Operetten, und verstärkt das Ballet.

Zum Geburtstage der Herzoginn verfertigte Herr Prof. Museus ein Vorspiel: Die Stufen des menschlichen Alters, der Greiß, (Herr Günther) die Greißinn, (Madam Böck) der Mann, (Herr Böck) die Frau, (Madam Dobler) der Jüngling (Herr Liebig) das Mädchen, (Madam Koch) zwey Kinder (Monsieur Dobler und Dem. Brandes) beklagen sich über ihren Stand; die Freude Madam Brandes kommt, uns kündigt ihnen sowohl den Geburtstag der Herzogin als die Genesung des Erbprinzen von der Inokulation an. Die Arien waren von Herrn Schweizer komponirt.

Herr Seiler hat die Direction nun ganz Herrn Eckhof überlassen.

III.

III.

Gegenwärtiger Zustand der Ackermannischen oder nunmehro Schröderischen Gesellschaft.

Herr Ackermann, welcher im October 1771. zu Hamburg von der Bühne dieser Welt abgetreten ist, hatte schon einige Zeit vorher seinen Stiefsohn Herrn Schröder die Aufsicht der Truppe übertragen. Unsre Bühne verliert an Herrn Ackermann einen guten comischen Schauspieler in niedrig comischen Rollen, der aber zu wenig Selbsterkenntniß hatte, als daß er sich nicht zuweilen auch in das Gebiet der Tragödie hätte wagen sollen. Der gröste Theil seines Lebens war eine irrende Ritterschaft, und kaum hatte er einige Jahre sein Theater auf einen gewissen und bessern Fuß gebracht, so ward er, nach Errichtung der Seilerischen Gesellschaft, fast ganz in seinen ersten Anfang zurückgeworfen.

Seine Gesellschaft hat in den Jahren 1770. und 1771. abwechselnd zu Hamburg, Braunschweig, Wolffenbüttel und Kiel gespielt.

Demoiselle Ackermann die ältere hat sich von Zeit zu Zeit immer mehr gebildet, und verräth vornemlich zu zärtlichen Rollen ungemeine Anlage. Herr Borchers rivalirt mit Eckhof in denen Raisonneurs und zärtlichen

chen Alten. Herr Schröder spielt die Valets sehr gut. Madam **Mecour** war bis zu Ende des 1771sten Jahre eine Zierde dieser Gesellschaft. **Madam Reinecke** macht in ernsthaften rührenden Rollen Hofnung, hat viele Vortheile der Bildung und Sprache, nur geht ihr noch die Richtigkeit der Deklamation ab. Herr Reinecke taugt zur Zeit nur noch zu Nebenrollen im Trauerspiele, es gebricht ihm nicht an Einsicht, aber an Affect. Ein gewisser Herr **Miller** macht die Chevaliers, aber er memorirt nicht gut, und hat noch sehr gezwungne Minen. Demoiselle Dauer hat angefangen; noch deklamirt sie zu monotonisch, und agirt nicht frey genug.

Herr Ackermann hat gleich Herrn Koch und Eckhof, besondre Leute zur Operette unterhalten. Nehme ich aber die älteste Dem. Ackermann aus, so sind das übrige schlechte Schauspieler und schlechte Sänger, als da sind Herr **Wolfram**, Herr **Klunge**, Herr **Dauer**, Frau **Labes**. Dem. Ackermann die jüngere fängt erst an sich zu bilden; in der Operette hat sie eine zu schwache Stimme, und singt nicht rein.

Es war kein guter Einfall des seeligen Ackermann, eine Menge französischer Operetten nach wörtlichen Uebersetzungen aufzuführen. Wozu brauchen wir die französischen Frivolitäten, da wir Dichter haben, die unserm Herzen

zen und unserm Geiste eine gründlichere Nahrung geben können? Er legte dabey die französische Musick zum Grunde. Welche Selbstdemüthigung, da wir selbst viel größere Tonkünstler haben! Kein schlechter Dichter hat die mühselige Arbeit übernommen, die Arien auf die französische Musik zu zwingen.

So werden bey dieser Gesellschaft gespielt: Sancho Pansa, der Deserteur, der zauberische Soldat, der Holzhacker, Roschen und Colas. Diese deutschfranzösische Buffa sollte man Herrn Marchand überlassen, welcher sich durch wahre Schauspiele nicht würde erhalten können, und der an Orten spielt, wo es mit dem guten Geschmacke noch gar zu schlecht aussieht.

Ueberhaupt ist diese Gesellschaft zwar bedacht, die Zuschauer stets mit Neuigkeiten zu unterhalten, aber sie rast auch ohne Unterscheid alles zusammen, was ihr vorkommt. Ich führe nur einige Stücke an, welche andre Gesellschaften gar nicht, oder selten spielen z. E. die Rache von Young, Hippels ungewöhnliche Nebenbuhler, **Trau, Schau, Wem** von Herrn Brandes, ein ungedrucktes Lustspiel von demselben: die **Schule der Kaufleute**, den **Aepfeldieb**, **Ericia** von Fontanelle, den **Kaufmann** von Dampiere,

Fatime von Krauseneck, die Colonie von Saintfoix, die Stärke der väterlichen Liebe von Sebastiani, Hannchen und Lucas von Eschenburg, die undankbaren Söhnen von Piron, einige Stücke aus dem spanischen Theater, den Lotteriespieler vom jüngern Herrn Lessing, die Verliebten von Goldoni u. s. w.

IV.

Ueber das holländische Theater.

Ein deutscher Kenner der holländischen Bühne hat mir einige Erinnerungen gegen die Nachricht mitgetheilet, welche ich im Parterr von dem jetzigen Zustande dieses Theaters gegeben habe. Ich will auch diese meinen Lesern nicht vorenthalten; entscheiden kann ich zwischen beyden Männern nicht, da ich der holländischen Sprache unkundig bin.

Ich habe schreibt er, die Treurspelle, Blyspelle, und Klugten dieser Nation auch gesehen; gehört wollte ich sagen. Denn das Gesicht wird dabey nicht sonderlich vergnügt. Ich muß gestehen, daß mir ihre Sprache mächtiger und eigner, als die unsrige, und besonders der Klang derselben im Trauerspiel erhabner und rührender, als die französische und englische

sche vorgekommen. Sie hat vielmehr Poesie in ihren Wörtern, als die deutsche, die zwar abgeschäumter und reiner, aber auch dünner und magerer ist. In jener zeichnen sich besonders Bilder aus dem gemeinen Leben aus, die unsre Kunstrichter wegkritisirt haben. J. de Marre sagt z. E. in seiner Jacoba von Beieren:

Hoe Schets ik de yslyk heer des Oorlogs, al dien moord
Der Burgren, onder't Puir der Steden wreed gesmoord.

Auf unsrer Bühne aber würde der unter dem feurigen Schutte seiner Vaterstadt grausam getretene Bürger einen komischen Aufzug machen. Der Gang der holländischen Sprache wird auch durch die Abkürzungen, da sie 't Puir für het Puir und 'k zoll, 'k will, für ich soll und ich will setzt, eben so schnell und reißend wie der englischen, anstatt, daß unser ewiges Ich, und der, die, das den Affect schwächt und den Schauspieler oft verführet, den Ton falsch zu setzen.

Insbesondere aber finde ich die holländische Bühne bis zum Jahr 1750. reicher an Originalen, als die unsrige. Die Stücke eines van der Gon, eines Rotgars, eines Duyf, einer Lescailje, eines Bernagie, eines de Marre, und und andrer, lassen Gottschedens Dramata weit hinter sich; und, was noch das beste ist, so haben sie nichts von dem Schülerhaften und Sententiösen, was unsre frühern Stücke hatten, sondern eine wahre menschliche Sprache, von der man höchstens sagen kann, daß sie ein Bischen zu viel Niederländisches Kolorit hat, aber auch vielleicht nur für uns, deren Sprache, um mich holländisch auszudrücken: zu ontlinstert ist, und die für das teedre, das naare, das zieltongende nur arme Ausdrücke hat.

Die Schaubühne zu Amsterdam ist auch, als eine öffentliche Anstalt, weit älter, als irgend eine in Deutschland, wo, so viel ich weiß, noch jetzt Privatleute die ganze Last tragen. In dem Privilegio, das vor dem Faramont vom van der Gon steht, wird der ersten Vorstellung auf derselben vom 19. Sept. 1684. gedacht, und seit dieser Zeit haben die Vorsteher des Waysen- und Altenmännerhauses die dortige Bühne, waervon hunne respective Godshuyser onder mermede mœten werden gesustentirt (so weit wird man es wohl in Deutschland nie bringen) erhalten, und viele Genies aufgemuntert, für das gemeine Vergnügen zu arbeiten.

V.

Ueber die Kochische Schauspielergesellschaft, aus Berlin, an einen Freund. Halle bey Curt 116. S. 8.

Ehe ich etwas von dem Werthe und dem Innhalte dieser Brochüre sage, will ich zuvor die Geschichte der Kochischen Gesellschaft bis auf den Perioden fortführen, in welchen dieses Sendschreiben fällt. Die vortreflichen Mitglieder der Kochischen Truppe, sind meinen Lesern bereits aus dem **Parterr** sattsam bekannt. Ich begnüge mich daher, die neuen Stücke anzuzeigen, die bey ihr besetzt worden.

Nach der Rückkunft von Weimar ward die Leipziger Bühne (den 3ten April 1771.) mit einem bürgerlichen Trauerspiele von Herrn **Weiße: Sophie oder die Brüder** wieder eröfnet. Da der Herr Verfasser sein Stück noch nicht durch den Druck bekannt gemacht, so enthalte ich mich aller Beurtheilung desselben, die ohnedies zu spät kommen dürfte, indem vielleicht schon alles das geändert worden, was sich etwa bemerken ließe. Die meiste Wirkung that der vierte Act, und in ihm erkannte man vornemlich den Verfasser von Romeo und Julie. **Madam Stark** zeigte als Sophie, daß sie

 nicht

nicht nur eine sanfte Sara, sondern auch eine feurige Julie spielen könne, und alle Zuschauer thaten den Wunsch, daß sie sie spielen möchte. Wer unsre Starkinn nicht als Sophie gesehn, der kennt nicht den ganzen Umfang ihrer tragischen Kunst, der weiß nicht, daß sie eben so wohl unsre Klairon als unsre Gaußin seyn kann. Die beiden Brüder wurden von denen Herren **Brückner** und **Herlitz** gespielt. Durch einen Brückner muß ein Bösewicht sprechen, wenn er unter fühlenden Menschen geduldet werden soll. Mit welcher Leichtigkeit weiß er die schwerste Pantomime auszuführen! Herr Schmelz war Vater, und daher ganz an seiner Stelle. Er weiß, die innere Güte des Herzens hervorblicken zu lassen, die er wider seinen Willen verleugnen muß, um sich von einem bevorstehenden Verderben zu retten, das er sich selbst zugezogen hat. Wenn Herr Weiße diesen Charakter, welchen er vielleicht zum Hauptcharakter machen sollte, durchsetzt, so wird er die Verdienste dieses grossen tragischen Schriftstellers aufs neue erhöhen. Welche Wirkung müste die Scene thun, wo er Sophien anliegt, seinen ältesten Sohn zu heirathen, wenn sie der Verfasser mit aller Stärke seines Genies ausführte! Hier würde es vielleicht mit Glück gewagt, was Heufeld in seiner Julie sehr unglücklich angebracht hat, einen Vater zu den Füssen seiner Tochter,

einen

einen Vormund zu den Füssen seines Mündels zu zeigen. --- Die Tochter vom Hause war die ältere Dem. **Schick**. Ihre Rolle bedeutete nicht viel, so wie die von Madam **Löwe** dem Kammermädchen. Letztere kam nur zu Ende des vierten Acts einmal vor, daher man bey der Wiederhohlung ihre Scene gar wegließ. Den Bedienten machte Herr **Witthöfft**. Er gehört vorzüglich zu denen Charakteren, die vermuthlich die ausbeßernde Hand des Dichters erfahren werden; er hatte zu viel Widersprüche, und war den Zuschauern so räthselhaft als sich selbst. Indessen freuten sie sich, daß die Rolle noch in so gute Hände gekommen war.

Der Prolog, welchen Madam **Koch** recitirte, ist schon aus dem diesjährigen Almanach **der deutschen Musen** bekannt. Er beziehet sich auf das Gerücht, welches sich in ganz Leipzig ausgebreitet hatte, als wenn Herr Koch zu Weimar an einem Schlagflusse gestorben sey.

Den 8ten April ward die **heimliche Heirath** von Colman und Garrick das erstemal zu Leipzig gegeben, nachdem man sie schon zweimal zu Weimar mit Beifall vorgestellt. Das Stück ist bekannt, nud in alle lebende Sprachen, so gar ins Dänische und Russische, übersetzt. Die deutsche Uebersetzung war von dem

dem Herausgeber dieser Schrift, der auch für die Vorstellung einige Verbesserungen gemacht hatte. Herr **Brückner** und Madam **Starke** hatten die Rollen des Lovewell und der Fanny übernommen, um ihnen durch ihr Spiel aufzuhelfen. Denn nur erst bey der Vorstellung empfand man, daß diese Rollen ihr Interesse mehr von den Schauspielern als von dem Verfasser bekommen hatten. Lord Ogleby, Mistreß Heidelberg, und der betrunkne Brosch stechen vor den Hauptcharacktern zu sehr hervor. Wird nicht Werner in der Minna den Tellheim bald verdunkeln, wenn dieser nicht ganz ausserordentlich gespielt wird? Brückner muste also den Lovewell spielen, wenn dieser Charakter nicht in Schatten zurücktreten sollte. Noch sehe ich ihn in der achten Scene des zweiten Acts! Wie kalt, wie steif würde dieser Monolog in dem Munde eines andern Acteurs geworden seyn! Seine Bemühungen waren desto nöthiger, da die übrigen an und für sich schon glänzenden Rollen auch so ausnehmend exekutirt wurden. Madam Brückner Heidelberg. — Was kann man da nicht erwarten? Sie sowohl, als **Schuberth**, als Ogleby hatten auf das Studium ihrer Rollen eine Sorgfalt verwandt, und spielten mit so ausnehmender Kunst, daß ich ihnen hier öffentlich danken muß. Man konnte nicht aufhören, zu lachen, und die Zuschauer hörten

auch

auch nicht auf, zu klatschen. Auch Herr Withöfft erhielt in der Rolle des Sterling den Beifall, den er verdiente. Die Miß Sterling hätte man, wie für Dem. Steinbrecher geschrieben, glauben sollen; aber man betrog sich. Sie schien mit dieser Rolle unzufrieden zu seyn, und agirte daher nicht mit allen dem Feuer, welches sie sonst in ähnlichen Rollen anwendet. Sie war nicht agil genug, und daher fiel das Höhnische gegen die Fanny zu schwach aus. Besonders schien sie in dem letzten Aufzuge zu kalt, und ließ Madam Brückner allein arbeiten. Sonst spielte sie mit vielem Anstande, der aber vielleicht hier am unrechten Orte angebracht ward. Denn Miß Sterling soll eigentlich zum Leben des Stücks eben so viel beitragen, als Ogleby und Heidelberg. Die undankbarste Rolle den John Melvil hatte Herr Herlitz, und es wäre daher selbst Undankbarkeit, wenn ich ihn tadeln wollte. Aber etwas weniger auf den Schlag der zweiten französischen Liebhaber, die, wie man weiß, gemeiniglich kalt sind, könnte er wohl diesen Engländer spielen. Herrn Löwe als Betrunkenen muß man sehn! Selbst die kleinen Rollen der Betty, Hannah, des Flauers, des Travers wurden von Madam Löwe, der ältere Dem. Schick, Herrn Martini und Herrn Henke sehr gut gespielt. Ich war z. E. überaus wohl mit dem Tone zufrieden, womit

mit Madam Löwe die Worte sagte: "Denn, wo er es nicht sagt, so kenne ich eine kleine Plaudertasche, die es bald an den Tag bringen wird" Nicht alle Actrizen würden den Sinn dieser Stelle verstanden, wenigstens nicht alle den Wohlstand dabey zu beobachten gewust haben. Dem. Schick lobt der Briefschreiber selbst. Die Herrn Martini und Henke übertrieben vielleicht im letzten Acte das Komische ein wenig zu sehr zum Nachtheil der Haupthandlung. Indessen, es gefiel, und ich muß gestehen, daß ich über ihre Lazzis selbst aus vollem Halse mit lachte. Ueberhaupt thut der letzte Act ungemein viel Wirkung.

Wie schwach die **Eifersüchtige** desselben Verfassers gegen dieses Stück sey, konnte man am besten empfinden, da sie den folgenden Abend gegeben ward. Wegen der vortreflichen Vorstellung wird man sie aber dennoch immer mit Vergnügen sehen.

Der Triumph der guten Frauen, Schlegels bestes Stück war seit Starkens Tode nicht gespielt worden, weil man es zu Leipzig, ich weiß nicht warum, immer nur sparsam besucht hatte, da es doch, insonderheit im Dialog, voller Feinheiten, und für die Zeit, in der es geschrieben ward, eine wahre Erscheinung ist. Den 11ten April brachte man es wieder auf die

die Bühne, aber auch wieder mit keinem sonderlichen Beyfall. **Herr Schmelz** ersetzte Starkens Verlust in der Rolle des Agenor. Zum Theil aber läßt sich auf ihn anwenden, was im Parterr von Herrn **Böcks** Spiel in dieser Rolle gesagt worden. Auch ihn muß man fragen: Wo war die Bitterkeit, die diese Rolle erfodert? Madam Brückner hatte Kathrinchen an Madam Löwe überlassen, welches ich bedauerte, ob gleich die Jahre der erstern der Rolle nicht mehr entsprechen. Madam Löwe sah sich der Vergleichung ausgesetzt, und viele glaubten, daß sie auf das Spiel ihrer grossen Vorgängerinn hätte achtsamer seyn sollen, welche diese Krone der Kammermädchen eben so meisterhaft spielte, als ihre sonstigen Rollen, und als ehedem Madam Eckhof. Mit den übrigen Rollen war keine Veränderung vorgegangen. Den Philint kann man nicht schöner gespielt zu sehen wünschen, als von Madam **Koch**. Madam **Stark** Juliane, welch reizendes Gemählde! Herr **Brückner** Nikander! Welches Feuer und welche Kenntniß der grossen Welt erblickt man in seinem Spiel! Heinrich Herr **Witthöfft**, unser bester Valet; man mag auch von denen Herren Hensel und Schröder sagen, was man will.

Den Beschluß am 18ten April machte das erstemal der **Dorfbalbier**, eine neue Operette von

von Herrn Weiße, die er Herrn Koch zu Gefallen wieder vorgesucht und retouchirt hatte. Von der Komposition wird ein andermal weitläuftig geredet werden, und von der Güte unsrer Schauspieler in diesem Fache brauche ich meine Leser nicht erst zu unterrichten, wenigstens wissen sie schon, wie ich davon denke. Herr **Löwe** hatte die Hauptrolle. Dem. **Steinbrecher** war seine Frau, Herr **Martini**, der schöner spielte als sang, Ruthe, Madam **Löwinn** Frau Ruthe, und das neue Ehepaar Herr **Hiebler** und die jüngere Dem. **Schick**.

Die Wiederhohlungen von **Lisuart und Dariolette** am 8ten May muß ich deswegen ausheben, weil Herr **Hiebler**, mit dem ich meine Leser schon im Parterr S. 323. bekannt gemacht habe, das erstemal den Lisuart spielte, ja, man konnte wohl sagen, das erstemal auftrat. Denn die kleinen Rollen, in denen er sich bisher versucht, hatten nur zur Vorbereitung gedient. Er erhielt als Sänger, so wenig auch der Zuhörer waren, vielen Beyfall. Als Schauspieler konnte er es wohl noch nicht verlangen.

Den 13ten May brachte man die **Liebe in Korsika** von dem ältern Herrn Stephanie auf die Bühne. Aber, unerachtet aller Kosten, die Herr Koch darauf verwandt, und so sehr

es

es auch von den Schauspielern unterstützt ward, that es doch nicht die gehofte Wirkung. Es scheint, daß, unter den zeitherigen Wiener Producten nur die abgedankten Officiers [vorzüglich des Pinkus] der Postzug (des Spiels von Herrn Brückner halber) und das Duell gefallen wollen. — Man ließ den Dübois nicht sterben, aber so hätte man ihn auch auf die Bühne bringen, und Klairets schonen, kurz mit dem letzen Acte eben so dreist umgehen sollen, als Herr **Schmid** mit dem Deserteur umgegangen ist. Die Rolle des Dübois wurde durch das Spiel des Herrn **Brückner** noch einigermaßen erträglich gemacht. Auch die nachläßigsten Stellen bekamen in seinem Munde Kraft und Leben. Hätte er nur seiner Gioconda der jüngern Dem. **Schick** einige Funken seines Feuers mittheilen können! Sie wurde von ihrer Rivalinn der Dem. **Huber** als Gentili weit übertroffen. Letztere kann in kurzer Zeit eine wahre Zierde unsres Theaters werden, wenn sie die Kultur ihrer Talente durch Lectüre und Umgang mit würdigen Personen zu befödern nicht verabsäumt, eine Erinnerung, die man unsren jungen Schauspielerinnen nicht zu oft wiederhohlen kann. Dem. Huber ist die einzige, von der ich mir einst eine Starkinn verspreche. Ich wollte aber auch die Rolle der Gentili selbst lieber geschrieben haben, als das übrige ganze Stück, samt dem Romane des

Herrn

Herrn von **Teuber**. Madam **Koch** als Paskoli Mutter war eine sehr reizende Korsikanerinn. Herr **Schmelz** als Paskoli Vater sprach mit allem dem Nachdruck, und Herr **Herlitz** als Sohn mit allem dem Feuer, das man von diesen Schauspielern in dergleichen Rollen gewohnt ist. Besonders trug Herr Herlitz sehr viel bey, das Stück zu beleben. Klairet, die am wenigsten bearbeitete Rolle, war Herrn **Henke** zu theil worden: aber theils kleiden ihn heimtückische Betrüger nicht recht, theils soll Klairet auch Chevalier seyn. Die kleinen Rollen des Generals, Bellamys, Tominos, Hauptmanns wurden, von denen Herrn **Schuberth, Klotzsch, Martini, Withöfft** gespielt.

Die Uebersetzung des Siluain scheint das Publikum erst auf den **Erast** von Gesner aufmerksam gemacht zu haben. Welche Schande! Aber immer noch gut, daß wir unsern Fehler noch einsehen, und nun nebst der französischen Nachahmung auch das deutsche Original auf die Bühne bringen. Dieses geschah das erstemal den 16ten May nach dem Frontin als Vater. Freilich hatte das Stück nun den Reitz der Neuheit verloren. Auch kann man nicht läugnen, daß Marmontel und Weiße, wenigstens in Rücksicht des Theaters, ihre Kopie verschönert haben. Wie schwach ist Kleon gegen

Dol-

Dolmon den Vater, Lucinde gegen Sophien! Was noch übrig bleibt, sind die Kinder und der mit Recht so oft bewunderte Character des Simon. Sie thaten auch ihre Wirkung. Besonders konnte sich niemand bey der kleinen **Withöfftinn**, die den zweiten Sohn ganz allerliebst machte, der Thränen enthalten. Wäre doch der älteste eben so schön gespielt worden! Die Rolle des Simon erfodert einen ganz eignen Acteur, und Herr **Schuberth** würde dieser gewesen seyn, wenn er ihn nicht auf den Schlag des Anton im Weisen mit der That hätte machen wollen, den er so meisterhaft spielt. Aber beyde Charactere sind sehr verschieden. Herr **Brückner** gefiel mir, ich gestehe es, als Erast fast noch besser, als in der Rolle des Walder, vermuthlich, weil Erast mehr Würde und Pathos zuläßt. Am allermeisten erstaunte ich über Madam **Koch**, welche alle meine Erwartung übertraf. Die Rolle des Kleon war mit Herrn **Schmelz** sehr gut besetzt.

Man sieht aus der Anzeige dieser Stücke, daß Herr Koch alles anwendete, um sich in Leipzig zu erhalten. Ausserdem waren auch schon die Rollen im Deserteur, Fayel, und der Entdeckung ausgetheilt; sehr viel Geld verwandte er auf die Ballete, da auf seinem Theater zwey Balletmeister rivalirten, aber alles vergebens!

Er

Er greift sich an, theilt neue Rollen aus,
Quält Komponist, Decorateur, und Dichter,
Illuminirt mit einem Centner Lichter
Tagtäglich euer Schauspielhaus:
Und niemand kommt hinein, und niemand geht hinaus,

ließ daher Herr Engel, Madam Koch in der Abschiedrede sagen. Und wer wollte es sonach Herrn Koch verdenken, daß er das ihm angebotene Preußische Privilegium, welches durch des jüngern Schuch Tod erle digt ward, annahm, seine Leipziger Vorstellungen den 29sten May mit den Brüdern von Romanus schloß, und plötzlich nach Berlin aufbrach, da er, wenn er noch vier Wochen in Leipzig verweilt hätte, seine Gesellschaft hätte auseinander gehen lassen müssen?

Vor der Abreise nach Berlin nahm der bisherige Balletmeister Herr Schulze seinen Abschied, weil er nach dem Tode der Madam Henke keine Kompagnionin hatte, und daher an einem andern Orte, wo er noch nicht bekannt war, gegen Herrn Kummer und Madam Moltini nicht tanzen wollte: Seine Rollen in Singspielen hat Herr Ziebler erhalten.

Nach einigen kleinen Händeln mit dem französischen Schauspieler Fierville, der das Schuchi=

Schuchische Theater zu Berlin in Besitz hatte, und obschon sein Kontract zu Ende gieng, nicht weichen wollte, eröfnete Herr **Koch** seine Vorstellungen zu Berlin den 10ten Jun. mit **Miß Sara Sampson**, einer Antrittsrede, und einem Ballette. Stück und Schauspieler musten nothwendig den grösten Beyfall finden; ja, damit alle Rollen gut besetzt wären, hatte Herr Martini den Sir Sampson Herrn **Schmelz** übertragen, mit dem aber der Verfasser des Briefs sehr unzufrieden ist. Herr Brückner und Madam Koch hingegen werden gelobt. Letztere setzte sich durch die Rolle der Marwood in solchen Kredit, daß man es sehr beklagt, sie nur so selten zu sehen. Und wie wäre es möglich, daß Kennern Madam Starke als Sara nicht gefallen hätte? Freylich aber muß sie auf das Lob unsres Verfassers und aller jungen Herrn, deren Lieblinginn eine Döbblin ist, Verzicht thun. Wird sie aber dabey etwas verlieren? Kenner urtheilten, daß sie und Madam Koch zwey Schauspielerinnen wären, die vor jedem Fürsten auftreten könnten, der auch noch so sehr für die Franzosen eingenommen wäre. Auch mit dem Kummerischen Ballette war man zufrieden. Die Antrittsrede ist oft genug gedruckt, und unter andern auch in der vor uns habenden Schrift. Man könnte wohl Herrn Ramler beschuldigen, daß er die Gesellschaft darinnen zu demüthig sprechen lassen.

Auch Deutschland hat noch Künstler, nicht nur Kenner. **Mehr Gnad als Recht** zu erzeigen, sollte man sie nie bitten lassen, eben so wenig, als ein Applaudißment erbetteln. Die Herrn Michaelis und Engel lassen ihre Schauspielerinnen eine angemessenere Sprache reden. Doch vielleicht hat Herr Ramler daran gedacht, was der Letztere sagt:

Die Unschuld muß noch gute Worte geben,
Und einen Handkuß oben drein.

Madam **Karschinn** bewillkommete noch diesen Abend die Gesellschaft mit einem Gedichte, das in dem diesjährigen Almanach der deutschen Musen S. 134. steht.

Ich will das Verzeichniß der aufgeführten Stücke ausziehen, um meinen Lesern einen Begriff von dem Berliner Geschmacke zu geben. Die hin und wieder eingestreuten Nachrichten aber sind, außer da, wo es ausdrücklich angezeigt worden, aus zuverläßigern Quellen geschöpft.

Den 11ten Jun. führte man die **abgedankten Officiers** auf. Pinkus, welchen Herr Löwe (S. 8.) unnachahmlich spielt, hat auch zu Berlin viel Zuschauer herbeygelockt. So wie ich aber die Rollen des Baron Kreutzen und

und Schirmer kenne [S. 21.] so erfodert jene Hurtigkeit im Sprechen, und diese Kälte. Ueberhaupt thut der Verfasser Herrn Henke und Herlitz zu viel. Es ist wahr, diese beyde wollten anfangs unter den Kochischen Schauspielern am wenigsten zu Berlin gefallen; aber nach und nach hat man sich mit ihnen ausgesöhnt. Und gewiß gehört vorzüglich der erstere unter unsre besten Schauspieler.

Den 12ten **Lottchen am Hofe.**

Den 13ten **der gelehrte Ignorant**, und die **Trauer**: in dieser zeigte sich Herr Koch zum erstenmal, und ward mit allgemeinem Beyfall aufgenommen.

Den 14ten: **Das Testament.**

Den 15 auf vieler Begehren: **Die abgedankten Officiers.**

Den 18ten: **Die Jagd.** Der Zulauf war diesen Abend außerordentlich, wie schon aus den öffentlichen Blättern bekannt ist. Man muste das Stück gleich den folgenden Abend wiederhohlen.

Den 20sten die **drey Schwiegermütter** und die **Weinlese.**

Den 21sten der **Verschwender.**

Den 22sten auf Befehl der verwittweten Prinzeßinn von Preußen: **Die Jagd.**

Den 24sten: **Der Postzug**, der, wegen des vortreflichen Spiels des Herrn Brückner sehr gefiel, und oft wiederhohlt werden muste. Zum Beschluß: **Das herangewachsne Mädchen.**

Den 25sten auf hohen Befehl: **Das Testament.**

Den 26sten gleichfalls auf Befehl: **Die abgedankten Officiers.**

Den 27sten auf vieler Verlangen: **Lottchen am Hofe.**

Den 28sten: **Das gerettete Venedig.** Hier gefiel Herr Brückner als Jaffier vorzüglich.

Den 29sten: **Die neugierigen Frauenzimmer und der dankbare Sohn.**

Den 1. Jul.: **Der Kranke in der Einbildung.** Man weiß, was Herr Koch in Molierischen Stücken leistet.

Den 2ten: **Das Rosenfest.**

Den 3ten auf Verlangen: **Die abgedankten Officiers.**

Den 4ten: **Der weibliche Hauptmann** von Montfleury.

Den 5ten: **Der Schmeichler** von Goldoni, ein Stück, das man blos wegen des Spiels von Herrn Brückner sehen muß.

Den

Den 6ten auf vieler Begehren: Das Rosenfest.

Den 8ten Richard der Dritte.

Den 9ten: Der Teufel ist los.

Den 10ten auf hohen Befehl: Lottchen am Hofe.

Den 11ten Frontin ein Vater von Romanus, und auf Verlangen der dankbare Sohn.

Den 12ten auf Verlangen: Der Postzug und die dreifache Heirath.

Den 13ten gleichfalls auf Verlangen: Der Teufel ist los.

Den 15ten die zärtliche Ehefrau von Goldoni.

Den 16ten Amalia.

Den 17ten die abgedankten Officiers.

Den 18ten: Die Jagd.

Den 19ten der Postzug und der dankbare Sohn.

Den 20sten: Der lustige Schuster.

Den 22sten zum erstenmal der Deserteur von Mercier.

Ich überlasse es dem Herausgeber, von seinen Veränderungen selbst Rechenschaft zu geben. Außerdem hatte man die Berliner

Uebersetzung ganz umgeschmolzen, und mit Recht den deutschen Personen, die in diesem Stücke auftreten, auch deutsche Namen gegeben. Von der Vorstellung kann ich hier nur anzeigen, wie die Rollen ausgetheilt worden. Madam Koch ist Frau Brandt, Dem. Steinbrecher Wilhelmine, Herr Schmelz St. Franc, Herr Brückner Dürimel, Herr Herlitz Valcour, Herr Withöfft Hockart, Herr Schuberth Obrister.

Den 23sten: Das Rosenfest.

Den 24sten: **Die verstellte Kranke**, und l'Impromtu de campagne.

Den 25sten **Kodrus**.

Den 26sten **Lisuart und Dariolette**.

Den 27sten: **Der Diener zweier Herrn** von Goldoni.

Den 29sten: **Medon**. Herr Brückner fand in dieser Rolle den außerordentlichsten Beyfall, und, so lange er sie bekleidet, wird sich das Stück auch auf unsern Bühnen erhalten. Madam Karschinn lies zu seinem Lobe ein Gedicht drucken, das keines ihrer schlechsten ist.

Den 30sten: **Lisuart und Dariolette**.

Den 31sten: Die Brüder von Romanus.

Den 1sten August: **Die versöhnten Feinde**, und, zum erstenmal der **Dorfbalbier** in [illegible]y Aufzügen, da er vorher nur einen hatte.

Den

Den 2ten die Poeten nach der Mode und die stumme Schönheit.

Den 3ten Minna von Barnhelm.

Den 5ten Medon.

Den 6ten Die Jagd.

Den 7ten: Der vornehme Schwiegersohn und die verliebte Unschuld. Von dem erstern Stück weiß unser Verfasser nicht einmal, daß es eine Nachahmung der Ecole bourgois des d'Allainval ist. Der abgeschmackte Witz, den er dabey (S. 69.) anbringt, ist unausstehlich. Der Sprüchwörterton wird ihm verständlich werden, wenn ich ihm sage, daß Herr Magister Steinel, von dem diese Nachahmung herrührt, die Absicht hatte, die Leipziger Sitten und Sprache zu schildern, und 1756, als das Stück geschrieben ward, war das der Modeton, den vermuthlich Gottsched eingeführt hatte. Es ist nicht gedruckt, sondern, wie alle Steinelschen Stücke, blos in den Händen des Herrn Koch.

Da es also blos für dessen Theater geschrieben ist, so kann man leicht denken, wie vortreflich es aufgeführt wird. Besonders ergötzt das Spiel des Herrn Brückner als Luftreich, des Herrn Schuberth als Adrian, der in bürgerlichen Alten seines gleichen nicht hat, der Demoiselle Steinbrecher als Reginchen, und der

Madam Löwe als Soubrette. Ueberhaupt aber verdient das Stück immer noch aufgeführt zu werden. Hätten wir nur mehrere, in denen einheimische Sitten so gut geschildert würden, als in diesem, wie bald würde sich unser Theater vor den ausländischen auszeichnen! Der Acteur kann nie mit der Leichtigkeit spielen, wenn er Engländer, Franzose, Italiäner seyn soll, als wenn er sich nur selbst zeichnen darf.

Den 8ten führten die französischen Komödianten: Die **Alzire** und **Nanine** auf. Es giengen nemlich einige durch Berlin, die sich in Gesellschaft von Fierville wollten sehen lassen, sie fanden aber wenig Beyfall.

Den 9ten gab Herr Koch zum erstenmale die **Wohlgebohrne von Stephanie**, aber nach der ersten Ausgabe. Madam Brückner und Herr Martini haben die beyden Hauptrollen. Den Beschluß machte die **Matrone von Ephesus**.

Den 10ten: Das **Rosenfest**.

Den 12ten: **Alzire**.

Den 13ten: Die **Liebe auf dem Lande**.

Den 14ten: Der **Spieler** und das **Duell**.

Den 15ten: Das **Testament** und der **dankbare Sohn**.

Den 16ten: Der **Triumph der Freundschaft** von Marin und **die verliebten Werber**.

Den 17ten Erast und der Dorfbalbier.

Den 19ten: Die abgedankten Officiers.

Den 20sten: Die Jagd.

Den 21sten: Der Galeerensclave.

Den 22sten: Die Liebe auf dem Lande.

Den 23sten: Cenie und die weiblichen Aerzte.

Den 24sten: Die Poeten nach der Mode, und der dankbare Sohn.

Den 26sten: Die Wohlgebohrne.

Den 27sten: Medon.

Den 28sten: Die Menechmen und Einwilligung wider Willen.

Den 29sten: Das Rosenfest.

Den 30sten: Die unerwartete Veränderung von Romanus und die rechtbehaltende Magd von Sagan.

Den 31sten: Der Postzug und der Dorfbalbier.

Den 2ten September: Das Rosenfest.

Den 3ten: Das Muttersöhnchen von Goldoni.

Den 4ten: Das Gärtnermädchen.

Den 5ten: Die heimliche Heirath.

Den 6ten: Das Gärtnermädchen.

Den 9ten: Tartüffe.

Den 10ten: Die Jagd.

Den 11ten: Der Postzug, und der Liebesteufel, der vielen Beyfall fand.

Den 12ten: Das Rosenfest.

Den 13ten: Der Zweikampf von Schlosser.

Den 14ten: Die abgedankten Officiers.

Den 16ten: Die verstellte Kranke, und die Verschreibung von Dufresni.

Den 17ten: Der dankbare Sohn, und Dorfbalbier.

Den 18ten: Die heimliche Heirath und der Liebesteufel.

Den 19ten: Die Kandidaten.

Den 20sten: Das herangewachsene Mädchen und die verliebte Unschuld.

Den 21sten: Miß Sara Sampson.

Den 23sten: Die Eifersüchtige.

Den 24sten: Das Rosenfest. Das beste, was uns unser Verfasser mitgetheilt, ist das artige Kompliment, welches Dem. Steinbrecher, statt des gewöhnlichen ans Parterr, an den Kronprinzen gerichtet, und das von Herrn Ramler aufgesetzt worden:

Die

Die Rose, die ihr alle liebt,
Kann leichtlich sich entfärben;
Die beste Wartung, die man giebt,
Kann eine Nacht verderben:
Doch, wenn uns uns unser **Friedrich** schützt,
So sind wir schon geborgen;
Wen **Friedrich Wilhelms** Gnade schützt,
Darf keinen Sturm besorgen.
Ich sag es frey;
Ihr alle stimmt mir bey,
Daß kein Glück für uns grösser sey.
So weit nur **Friedrich** regiert,
Da blühn die Rosen.

Den 25sten Sept. **Der Postzug** und **der dankbare Sohn.**

Den 26sten: **Die Jagd.**

Den 27sten: **Der reiche Bürger** von Lachaußee und **die blinde Kuh**, dieses niedliche Stück von Dancourt.

Den 26sten: **Der Kaufmann von London.**

Den 30sten: **Der Postzug** und **Großmuth für Großmuth.**

Hier

Hier könnte ich aufhören. Aber, theils, wo möglich, auf die jugendlichen Wangen des Verfassers einige Schaamröthe zu jagen, theils den Lesern einen Begriff von den Widersachern, die das Parterr bisher gefunden, zu machen, wollen wir uns noch einige Augenblicke mit ihm unterhalten; zumal, da er noch immer der leidlichste Widersacher ist, gehalten gegen die, welche für Herrn Döbbelin die Feder ergriffen: und von denen wir in der Folge reden wollen. Vielleicht aber gehört er nicht einmal in diese Klasse. Nicht so wohl das Parterr als vielmehr die Nachrichten sollen widerlegt werden, die der Wandsbecker Bote (S. 9.) und andre Zeitungen von Herrn Kochs Beyfalle zu Berlin ertheilt. Die Einschiebsel gegen den Herrn Herausgeber und einige Mitarbeiter dieser Schrift sind unstreitig erst nachher von einer fremden Hand in Halle eingerückt worden. Schnurrig ist es zu lesen, wenn es einem der Mitarbeiter zum Verbrechen gemacht wird, daß er, wie man hier vorgiebt, kein Gelehrter von Profeßion sey; ein Vorwurf von derselben Hand gemacht, die so oft die Litteraturbriefsteller wegen des Spottes über den Professorton getadelt hat. Und dieser Spott war nicht ohne Grund; denn die deutschen Katheder sind immer noch wenig von Pedanterey gereinigt. Wer läugnet damit die Ausnahmen? War nicht Abbt selbst Professor? Wie viel Professo-

ren

ren arbeiten nicht an der allgemeinen Bibliothek! Aber, warum soll niemand ein Buch schreiben dürfen, der nicht Magister artium ist?

Daß unser Herr Verfasser eben erst von der Universität Halle nach Hause komme, sieht man aus dem einfältigen Scherze einer dortigen Gesellschaft, nach den er [S. 10.] die Herrn Moses, Ramler, und Nikolai das berühmte Kleeblatt nennt. Ja, er erröthet nicht (S. 35.) die würdigsten Männer, Kostgänger von Koch zu nennen. Und (S. 36.) steht ein noch unwürdigerer Ausfall auf einen von ihnen. Sollte man einem solchen Menschen nicht, so bald er den Mund öfnet, den Rücken zukehren? Was den Vorwurf betrift, daß jene drey Herrn, die sonst Döbbelinen vergöttert hatten, ihn jetzt zu stürzen suchten, so kann ich freilich das nicht beantworten. Mir scheint es indessen so ungereimt nicht, daß man einstens jemanden unterstützt, den man nachmals aufgiebt, wenn man sieht, daß er der Unterstützung unwürdig war.

Die Ursache des grossen Beifalls, welchen Herr Koch zu Berlin erhalten, findet der Verfasser (S. 7.) in der Neuheit, in der Grösse einiger Schauspieler z. E. Herrn Brückners, in der Verringerung der Plätze, in der Aufführung der komischen Opern, deren Herr

Koch

Koch daselbst wöchentlich drey giebt. Die wahre Ursache liegt aber in der Vorzüglichkeit der ganzen Gesellschaft vor der Doebbelinischen. Denn daß ihr Vorzug (S. 11.) nur im Singen bestehe, wird wohl auser dem Verfasser niemand behaupten. Freilich ist, besonders im komischen, zwischen beiden Gesellschaften ein grosser Abstand. Und vornehmlich auf das komische (S. 8.) geht der Hang der Berliner Zuschauer. Trauerspiele (S. 11.) sind daselbst verhaßt, daher ist die Ursache, warum es Dobbelin zu keinem so grossen Beifalle bringen können, wohl nicht darinnen zu suchen, daß er (S. 19.) mit der französischen Truppe zu rivaliren gehabt. Die Franzosen (S. 13.) hatten so schmutzige Operetten gegeben, daß sie dem Censor ein Verzeichniß ihrer Stücke einreichen musten. Döbbelin muste also zuweilen ein läppisches Stück mit untermischen. Herr Koch soll (S. 12.) blos veraltete Stücke geben. Die versöhnten Feinde, welche hier als ein Beispiel angeführt worden, gehören nicht zu den ältesten, sondern zu den neuesten Stücken. Dobbelin trift, meint der Verfasser, eine beßre Wahl, ausser, wenn er dem Galleriegeschmack nachgiebt. Daß die Klagen darüber — und auch die Logen scheinen davon angesteckt zu seyn — nicht ganz ungegründet sind, sieht man wohl aus dem Verzeichniß der aufgeführten Stücke selbst. Ein denkender

Kopf,

Kopf, der lange Zeit bey einem reisenden Theater gewesen, schrieb mir einst: "Jeder Ort, "der noch nie ein Schauspiel gehabt, liebt die "Tragödie vor allem. Nicht leicht kann ihm ein "Stück heftig genug seyn. Von der stärkern de= "generit er zur Sentenzentragödie; hierauf zum "rührenden Lustspiel, dann zur Komödie; erst "Destouches; dann Moliere; nun zur komischen "Oper, endlich zum Possenspiel -- und dann "gute Nacht Geschmack und Theater!" Ist diese Bemerkung richtig, so dürfte sich auch in Berlin das Theater nicht lange erhalten. Blosse Schnacken werden mit der Zeit zum Eckel. Den Eindrücken von einer guten Vorstellung der Sara, der Julie, des Hausvaters hängt man Wochen lang mit Vergnügen nach, und, so oft man sich ihrer wieder erinnert, wallt unser Blut leichter. Nicht so mit den Operetten und Farcen: sie lassen keine Spur hinter sich, und man weiß sich nichts zu erinnern, als daß man -- gelacht hat. Wer kann aber Zeichnungen von Hogarth so lange und so oft betrachten, als Zeichnungen von Raphael? Wer den Teufel ist los so oft sehn, als Romeo und Julie? Uebrigens gestehe ich gern, über den Geschmack eines Publikums nicht urtheilen zu können, zu dem ich nicht gehöre, und ich überlasse daher diese Untersuchung den dortigen Kennern. Auch bin ich mit den Operetten gar nicht so unzufrieden, als unser Verfasser.

Was

Was er (S. 9.) dagegen sagt, ist nichts neues. Den Verfasser des Sommerzeitvertreibs hätte ein Mann, wie dieser (S. 19.) immer in Ruhe lassen können. Herrn Stephanies abgedankte Officiere heißen, (S. 28.) ein schönes Stück, da es doch laut S. 8. ohne Pinkus Langweile erregen würde. Bey Lottchen am Hofe (S. 22.) befolgt der Verfasser zum erstenmal den Grundsatz, dem er hernach immer treu bleibt, in Stücken, worinnen die Kochischen Schauspieler mit den Döbbelinischen nicht concurriren, sie bis in den Himmel zu erheben, in jenen aber, wenn er könnte, in den tiefsten Abgrund zu stossen. Das geht so weit, daß Dem. Steinbrecher in dem Triumph der Freundschaft (S. 78.) und Herr Schmeltz als Rode (S. 42.) gelobt werden; hingegen muß die erstere so gar in den komischen Opern einer Döbbelininn, Madam Starke einer Dem. Stunzius, und Herr Schuberth einem Klos unterliegen, so bald es zum Wettstreit kommt. Nur Herrn Löwe als Jürgen läßt er (S. 24) vor Herrn Döbbelin Gerechtigkeit widerfahren; denn als Schuster muß er ihm auch nachstehen. Er ist mit der Döbbelinischen Gesellschaft so vertraut, daß er uns sogar die Kabalen (S. 31.) über die Rollenaustheilung zu erzählen weiß. Daß der Verfasser kein sonderlicher Kenner der Mahlerey sey, sieht man, wenn er (S. 28.) verlangt,

daß

daß der Wald in der Jagd, wie bey Döbbelin, aus wirklichen Bäumen hätte bestehen sollen. Wie accordiren aber wirkliche Bäume mit den gemahlten Koulissen und Souffiten? Es ist zu eine uralte Regel, die der schlichte Menschenverstand gegeben, daß man nicht, ohne alle Illusion zu stören, das Wesen neben sein Emblem, die Natur neben die Nachahmung stellen dürfe. Herr Döbbelin würde also auch wohl im Postzug wirkliche stinkende Hasen aufs Theater bringen lassen, damit nicht nur der Acteur, der den Forstheim macht, sondern auch die Zuschauer den lieblichen Geruch genössen? Das muß ich ihm nachsagen, daß er die Natur so sehr liebt, als Brockes und Gottsched nimmermehr. Daher ließ er auch in der Jagd, worüber sich der Verfasser selbst beschwert -- und ich habe es empfunden -- so heftig mit Kalefonium blitzen, daß die Zuschauer ihr Gesicht verbergen musten. Deswegen vermuthlich bindet sich Dem. Endemann die Schürze ab, und nimmt sie über den Kopf, welches unsern Verfasser gar sehr entzückt haben mag, wie S. 27. zu sehen. Doch kann ich ihm sagen, daß sie sich in Leipzig nicht umgekleidet; ich wüste auch nicht, wozu. Daß man auch zu Leipzig den Ausdruck Postzug kenne, hätte er aus dem Aerndtekranze lernen können. Ich möchte wohl wissen; was uns (S. 33.) Hollbergs Urtheil über Destouchen angienge. S. 48. kommen Schwangergeschaftsanekdoten vor. Wenn sich der Verfasser S. 64. beschwert, daß der Dorfbalbier auf die versöhnten Feinde gefolgt sey, so hätte er, der so gern Parallelen macht, sich erinnern sollen, daß Döbbelin nach Trauerspielen ein Intermezzo von Ast giebt, von welcher Seltenheit zu seiner Zeit ein Wörtchen gesagt werden soll. Ob die oeuvres posthumes der Grafigny wirklich von ihr sind, zweifeln die Franzosen selbst. Und wie kommen diese hieher?

Ich habe nur einige Thorheiten gerügt. Wer Lust hat, kann noch eine reiche Nachlese halten! Soll ich auch eine Probe von dem Stil des Verfassers geben? Unmöglich; denn er hat gar keinen!

Zum Beschluß will ich nur dem Verfasser und allen Anbetern des Herrn Döbbelin zur Erbauung das Urtheil des seeligen **Löwen** [in dem wir abermals einen Kenner der Bühne verloren] hiehersetzen, das er den 16ten August 1771. an den Herausgeber schrieb: "Sagen Sie mir doch, wer ist der allgewaltige "Lobredner der Döbbelinischen Truppe in den "hällischen Zeitungen? Der Mann nimmt bey "seinem Lobe beide Backen voll. Ich fürchte "aber, er verräht zu sehr, daß er noch keine "andre Gesellschaft, als die hochberühmte Döb"belinische gesehn. Unmöglich kann ein Ken"ner, der das vortrefliche Kochische Theater,

"oder

"oder nur Ackermanns und Seilers Bühne "kennt, solchen Lerm blasen. Denn allen "dreyen Truppen kommt das Döbbelinische Häuf- "lein lange nicht gleich. Ich kenne sie alle, "außer Madam Döbbelin, die aber, wenn ich "Madam Ackermann glauben darf, und sie ist "gewiß Kennerin, ganz mittelmäßig seyn soll. "Es ist unter andern höchst falsch, wenn der "Recensent **Merschy** einen grossen komischen "Acteur nennt. Merschy ist zum Pierrot "gebohren, sprechen muß er nicht. Wenn "Karrikaturen, Verzerrungen, und Kontorsio- "nen des Körpers einen guten komischen Acteur "machen, ja dann ist Merschy groß. Allein "der Mann hat ganz und gar keine Sprache, "versteht nichts von Accentuiren, und von De- "klamiren noch weniger; ist dabey herzlich un- "wissend in dem, was zum Verstand eines "Stücks überhaupt und jeder Rolle insonderheit "gehört, und hat kaum einen schlichten Men- "schenverstand. Seine Frau ist noch elender, "und die andern Helden: **Lamprecht**, und, "wie sie alle heissen, sind kaum zu Statisten "gut. Wenigstens konnten sie bey uns in Ham- "burg kaum dazu gebraucht werden. Der gesti- "kulirende Döbbelin selbst ist noch immer der, "der er vor langen Jahren war, als ich ihn "den Ulfo zuerst spielen sah. Alle diese Leute "denken, wenn sie nur tapfer schreien, heulen, "sich herumtummeln, so sey es schon gut."

VI.

Freymüthiges Kaffeegespräch zweyer jüdischer Zuschauerinnen über den Juden Pinkus, oder über den Geschmack eines gewißen Parterrs, im Weinmonath 1771. (Berlin zwey Octavbogen.)

Da man fast keine Form, keinen Titel mehr zu Wochenblättern ersinnen kann, so könnte diese Art Schriften einen neuen Reitz erhalten, und sowohl Nutzen als Vergnügen stiften, wenn man einigen die Form der Gespräche gäbe. Solche philosophische Stadteklogen, in welchen man über Religion, Moral, Sitten, Theater raisonniren könnte, erfodern aber allerdings mehr, als ein Quentchen Witz und Leichtigkeit der Schreibart; sie erfodern einen philosophischen Beobachter, und einen Mann, der den Dialog in der Gewalt hat. Wie selten ist aber, besonders das letztere Talent, unter unsern Schriftstellern! Den Wunsch nach solchen Schriften haben gegenwärtige Blätter bey uns erregt, die aber jenen Foderungen nicht vollkommen entsprechen. Der Herausgeber muß hinter seinem Schirm nicht schnell gnug haben nachschreiben können; er besann sich hernach nicht allemal auf den wahren Gang des Gesprächs, und füllte die Lücken mit seiner eignen Sprache aus. Die Redenden sind zwar nichts weni-

weniger, als alltägliche Gesichter; ihre Urtheile sind im Ganzen richtig, und ihre Empfindungen gesund; aber, um Lehrer ihrer Mitbürger zu werden, fehlt es ihnen an dem eindringenden Geiste, um die Ursachen der Phänomene zu ergründen. Indessen lernen wir aus diesen Bogen den Berliner Geschmack, und, welches doch hier nur Nebensache ist, selbst die Kochische Gesellschaft weit besser kennen, als aus dem eben angezeigten Briefe, der uns nur von des Verfassers Etourderie belehrte.

Die Vorrede und die ersten Seiten überschlage ich. Denn ich bin von dem Nutzen des Theaters so lebhaft überzeugt, daß ich Zeit meines Lebens behaupten werde, diejenige Stadt sey zu beklagen, die nie ein gutes Theater gehabt. Daher höre ich nicht gern erst noch Widerlegungen des Rousseau. Aber das muß ich abschreiben, daß (S. 5.) unsre Damen einen langen Winterabend lieber in einer abgeschmackten Gesellschaft vergähnen, als sich von Herrn Döbbelin, dem sogenannten deutschen Garrick, etwas vordonnern lassen wollen. Auch denen Ausfällen (S. 9.) auf die französischen Schauspieler, auf die nemlich, die in Deutschland herumziehen, gebe ich meinen Beifall. Allerdings sollten wir uns schämen, von allem, was bey unsern Nachbarn das Licht erblickt, wäre es auch nur vom Deserteur, sogleich Gebrauch zu machen.

S. 14. wird eigentlich erst zur Sache selbst geschritten. Hier fragt Madam A.: "Wie "ist es möglich, daß ein Mann, der beym Thea-"ter erzogen, (dies ist von Herrn Koch nicht "wahr) selbst, wie man sagt, mehr, als blo-"ßer Handwerker ist, Schauspieler besitzt, aus "deren Art zu spielen, sogar in den schlechte-"sten Rollen Gelehrsamkeit und gründliche "Kenntniß der Bühne hervorleuchtet, und "Leute zu Rathgebern hat, die sich schon längst "zu Gesetzgebern des guten Geschmacks emporge-"schwungen haben; wie ist es möglich, daß "dieser Mann jene Menge von vortreflichen "Stücken, die ihm zu Gebote stehen, übersieht; "und einige etwas weniger als mittelmäßige zu "seinen Lieblingsstücken macht? Wie kömmt es "z. E. daß man uns noch nicht ein einigesmal "einen Spieler, einen Eduard und Eleonore, "einen Krispus und einen Romeo und Julie "gezeigt, und an deren Stelle das **Testament**, "den **Postzug**, und die **Wohlgebohrne** un-"zähligemal wiederhohlt hat?" Auf diese Frage wird mit einer Geschichte von einem simpeln Kopfzeuge geantwortet, das, dem Vorgeben nach, in ganz Berlin, nur an Madam B. einen Käufer gefunden. "Wiewohl, erwiedert "Mad. A. ich es einem armen Mädchen weit "eher verzeihe, wenn sie auf Unkosten unsres "lächerlichen Anzugs sich ernährt, als einer "Gesellschaft, die es auf Unkosten des guten "Ge-

"Geschmacks der Nation thut. Was liegt im "Grunde dran, ob ein Frauenzimmer mit ei= "nem hohen oder niedrigen, bunten oder glatten, "geflügelten oder ungeflügelten Kopfzeuge ein= "hergeht? Zudem, da unsre Moden so vor= "übergehend sind, so entwöhnen wir uns von "einer jeden insbesondre gar bald, und wenn "der Umlauf des Lächerlichen zu Ende, so "kann die Reihe gar leicht wieder einmal an das "Simple kommen, an das, was in der That "schön ist. Allein, wie viel liegt daran, daß "bey einer Nation der üble Geschmack nicht "Wurzel fasse, und wie schwer ist es alsdann "nicht, sie wieder zurechte zu bringen, wenn "sich derselbe erst einmal bey ihr eingenistet hat, "und durch üble Beispiele genährt wird? **Mad.** "**B.** Was ist, ich bitte Sie, von einem Pu= "blikum zu erwarten, das in einer Zeit von "sechs Monaten die Vorstellung der **Minna** "kaum ein einzigesmal, und der **abgedankten** "**Officiers** unzähligemal verlangt hat?" Hier wird die Kritick dieses Stücks eingeleitet, die mir aber, besonders, was den Juden Pinkus betrift, theils zu hart, theils falsch scheint. Unsre Jüdinnen thun sehr unrecht, ihn mit dem Juden, den Leßing auf die Bühne gebracht, zu vergleichen. Herrn Stephanies Absicht war nicht, den Nationalhaß gegen die Juden zu be= streiten. Er konnte dies als geschehen voraus= setzen. Eben so wenig bedurfte es eines Privat=

 hasses,

hasses, einen Juden, wie man ihn täglich sieht, zu schildern, so wenig als eines Christenhasses, Charactere, wie Kreutzen, Schirmer, Schrepf, sind, auf die Bühne zu bringen. Gerade die Charactere, welche unsern Kunstrichterinnen nicht gefallen wollen, Kreutzen, Schrepf, Blink, und vor allem Pinkus, dieser neue Herrn Stephanie eigne Character, sind es, die den abgedankten Officiers ihren Werth geben. Denn die übrigen Personen haben entweder keinen Character, oder der Verfasser hat ihn nicht genug ausgeführt.

Desto williger stimme ich in die Klagen über unsre Parterre ein. Es ist gewiß, ein Principal dürfte nur den Muth haben, den ächten Salzburger Harlekin wieder einzuführen: man würde zwar auf ihn schimpfen, aber seine Kasse würde sich dabey wohl befinden. Denn: "dem Dichter darf nur ein kaum merklicher "zweideutiger Ausdruck, oder dem Schau- "spieler die mindeste schlüpfrige Geberde ent- "wischen, und das ganze Parterr geräth in "Bewegung, und lacht sich ausser Athem." Madam A. wendet zwar ein, daß die Minna bey Döbbelinen etliche zwanzigmal gespielt worden sey. Allein Madam B. erwiedert: "Wel- "che Stellen, wenn Sie recht bemerkt haben, "waren es wohl, welche die Hände der Zu- "schauer in Bewegung brachten? Etwa diejenigen,

"nigen, in welchen der Dichter einen Blick "in die geheimnißvolle Tiefe des menschlichen "Herzens that? Etwa da, wo der deutsche "Paul Werner mit einer Naivität, die ein "Euripides einer Person nicht vortreflicher "in den Mund hätte legen können, unter ei- "nem erdichteten Vorwand, als thäte er es "nur der Interessen wegen, seinem Major das "Geld aufdringen will? Etwa, wo Just mit "gleicher Einfalt die Geschichte vom Pudel er- "zählt? Oder etwa die tausend andern Züge, "die bis ins Innerste unsrer Seele dringen? "O nein! gewiß, diese waren es nicht; aber "diese waren es, da, wo der Wachtmeister in "einem poßierlichen Tone das **Frauenzimmer- "chen, Frauenzimmerchen!** wiederhohlt; "wo das Frauenzimmerchen mit fast unausste- "lichen affectirten Geberden sich zur Wacht- "meisterinn anbietet; da, wo Werner, nach- "dem er dem Fräulein den Rapport vom Major "hinterbracht, sich tactmäßig schwenkt, und "gleichsam als von der Parade abmarschirt. "Stellen von der Art sind es, die unser Par- "terr im Schauplatz für Freuden ausser sich "bringen, und ausser dem Schauplatz am mei- "sten im Munde herumgetragen werden."

Gern schreibe ich noch folgende Stelle ab, die mir die schönste in der ganzen Schrift zu seyn dünkt. Denn ich glaube, man wird es

 mir

mir nicht verargen, daß ich aus ein paar flüchtigen Bogen, die in wenig Hände kommen, einen so fleisigen Auszug mache, zumal, da ich versichern kann, daß sie dadurch entbehrlich werden.

"Was meinen Sie, wenn es andem ist, "daß, als der leutseelige Chremes auf die Fra"ge des sich selbst marternden Menedemus: "Hast du denn so viel Muße, daß du dich um "fremde Sachen bekümmerst, die dich nichts "angehen? ihm antwortete: Ich bin ein Mensch, "und, was andere Menschen angeht, ist für "mich keine fremde Sache, das römische Par"terr in lauten Beifall ausbrach, und diese "Antwort sich unzähligemal wiederhohlen ließ; "welch ein Beifall müste auf unserm Schau"platz erschallen, wenn der empfindsame Tell"heim, nachdem er in den bedrängsten Um"ständen Justen sein Zimmer zu räumen be"fiehlt, wiederum zurückkehrt: **Noch eines, "nimm mir auch deinen Pudel mit, hörst "du, Just!** wie oft möchte ein römisches Par"terr sich diese Stelle haben wiederhohlen "lassen!"

Alles dieses ist an sich wahr und richtig, wie mich dünkt. Unser geniesendes Publikum ist noch gar zu wenig aufgeklärt, und der dramatischen Kenner giebt es vielleicht nicht

viel

viel mehrere, als derer, die selbst Hand ans Werk legen. Aber auf das Publikum allein möchte ich auch nicht die ganze Schuld gewälzt wissen. Sollten unsre Dichter, unsre Schauspieler nicht auch einigen Antheil haben? Sollte von beiden nicht gelten, was der erleuchtete Verfasser des vortreflichen Buchs: l'An deux mille quatre cent quarante von denen seiner Nation sagt? Von den Dichtern sagt er: Ils ont puisé leurs sujets chez les Grecs chez les Romains, chez les Perses, & ils nous ont presenté des moeurs etrangeres ou plutot factices: poetes harmonieux, peintres infideles, ils ont fait des tableaux de fantaisie; avec leurs heros, leurs vers empoulés, leur couleur monotone, leurs cinq actes, ils ont gaté l'art dramatique, qui n'est autre chose qu'une peinture simple, fidele; animeé des moeurs contemporaines & subsistantes. Unsre Jüdinnen selbst spotten über Madam Iphigenie und Mr. Achille, und glauben, daß die englischen Schriftsteller ihre Helden dem Character und den Sitten nach nationalisiren. Warum sind sie nicht auf diesem Wege fortgegangen? Wir haben schon eine gute Anzahl Tragödien, aber derer, die auf das Volk einen wahren Eindruck machen können, vielleicht nur drey: Romeo, Sara, Richard. Atreus, Rosemunde, die Befreyung von Theben, und einige andre sind Meisterstücke

der

der Dichtkunst, aber auf dem Theater thun sie nicht die erfoderliche Wirkung. Von der ungeheuren Menge französischer Trauerspiele können wir nur einige von Voltaire, vorzüglich den Mahomet, und allenfals den Fayel von d'Arnaud brauchen. Der englischen guten, die sich spielen lassen, sind auch wenig. Und alle diese hat man sie nicht mit Beyfall aufgenommen, wenn sie nur gut vorgestellt wurden? Sieht man nicht die rührenden Gemählde, die man uns nach Diderot gegeben, mit Vergnügen? Aber: outre vos pitoyables acteurs tragiques, que l'on ne se donne pas même la peine de critiquer, vous avez telles confidentes, dont le nez plat ou gigantesque suffiroit seul pour faire evanouir la plus parfaite illusion; sagt ein Engländer zu dem Verfasser des angeführten Buchs, und an einem andern Orte ein Bürger des 25sten Jahrhunderts: Vous aviez peine, dit—on, à rencontrer un acteur & une actrice passable; le reste etoit digne des treteaux des boulevards. So hart diese Urtheile von dem französischen Theater klingen, ob sie schon wahr seyn mögen, so buchstäblich richtig sind sie doch von den unsrigen. Wir haben auf allen unsern Bühnen etwa sechs bis sieben tragische Schauspieler vom ersten Range. Man bringe erst einen Eckhof, Brückner, Stephanie, eine Henselinn, Starkinn, Huberinn, Kochin u. s. w. auf ein Theater,

ter, und dann frage man, ob wir keine Trauerspiele sehen wollen. Wen eine Schulzinn die Julie spielt, so werde ich gewiß nicht im Schauplatz fehlen, aber eine Steinbrecherinn sehe ich lieber als Lottchen. Ich sehe lieber eine gut gespielte Posse, als ein vortrefliches Trauerspiel mittelmäsig aufgeführt. Ich dränge mich zu den Opern bey Koch, und fliehe vor den Tragödien bey Döbbelin.

VII.

Das Rosenfest, eine komische Oper in drey Acten, in Musik gesetzt von F. W. Wolf, Berlin bey Winter, 1771.

Wenn ich im Parterr (S. 259.) behauptete, daß Herr Wolf in der Gesangkomposition Herrn Hiller nachstehe, so muste ich es dort, der Kürze wegen, ohne Beweis behaupten. Jetzt, da er seine Musik herausgegeben, giebt er mir Gelegenheit, bestimmter zu sagen, was mir eigentlich daran misfällt, und die Ursachen auseinanderzusetzen, warum man in Leipzig anders davon urtheilt, als zu Berlin. Zur Schilderung von dem gegenwärtigen Zustande unsrer Bühnen scheint mir die musikalische Betrachtung unsrer Operetten eben so nöthig zu werden, als die poetische. Die Tonkünstler vermögen hier auf den Zuschauer selbst noch mehr als die Dichter.

Herr

Herr Wolf ist einer von denen Komponisten, welche sich durch eine reine Harmonie und treffende Melodie von vielen ihrer Mitbrüder unterscheiden, die allenfalls ein gefälliges Melodiechen hinschreiben, ausserdem aber, troz ihrer schimmernden musikalischen Titel, noch zum Vater Fuchs in die Schule verwiesen zu werden verdienen. Die gegenwärtige Oper ist voll von Empfindung, Warheit, und Naivität im Ausdrucke; die Begleitung der Instrumente gearbeitet, und der Charakter der singenden Personen immer getroffen. Doch findet man auch viel Schwerfälliges und Aengstliches darinnen, welches sich besonders in denen zu oft verwechselten Tactarten und zu sehr gehäuften Akkompagnemens äussert. Wo der Ausdruck wenig dadurch gewinnt, sollten sich die Instrumente nie gar zu hervorstechend hören lassen. Sie entziehen der herrschenden Stimme, welche hier die Singstimme ist, die gehörige Aufmerksamkeit. Durch die immer abgeänderten Tactarten wird die Schnelligkeit der Action oft sehr gehemmt, der doppelten Mühe zu geschweigen, die man dem Schauspieler beim Memoriren macht.

Die vorstehende Symphonie hat viel Neues und Schönes, und besteht, wie gewöhnlich, aus drey Sätzen, wovon der erste in f dur, der mittlere in c dur, und der letztere in g dur, geschrie-

geschrieben ist. Ohne gegen diese Modulation etwas einzuwenden — denn vielleicht hat Herr Wolf durch den letzten Satz die Tonart der ersten Arie vorbereiten wollen — muß ich nur, in Ansehung des ersten Satzes, bemerken, daß die Gedanken desselben nicht recht aneinanderzuhängen scheinen. Es sind zu viel kleine Abschnitte darinnen, welche sich wohl für den Gesang, aber nicht für die Symphonie schicken. Den vierten Tact auf dem zweeten System der dritten Seite hat doch der Verfasser nicht mit Fleiß so geschrieben, wie er gedruckt da steht? Ich sehe ihn wenigstens nicht unter den vorgedruckten Erraten, deren eine beträchtliche Anzahl ist, und die man ausschneiden soll, um sie am gehörigen Orte aufzukleben. Beim Anfang des letzten Satzes ist der dreimal wiederhohlte Abschnitt in den Hauptton eckelhaft. Ein zweimal dazwischen gebrauchter Abschnitt in die Dominante würde beßre Wirkung gethan haben.

Die erste Arie hat eine leichte und angenehme Melodie, und bey der Begleitung kann man sich das Klappern der Mühle sehr natürlich vorstellen. Sonst ist es immer ein mißliches Ding um den Ausdruck solcher physikalischer Bilder. Mehrentheils möchte man dazuschreiben: das soll das und das bedeuten.

Die

Die folgenden Paragraphen dieser Cavatine haben ebenfalls viel Malerisches, und zu dem vorletztem ist ein hervorstechender Baß gesetzt. Zu Ende stehet die Mühle glücklich stille.

Der zweite Gesang ist Hannchens Charakter angemessen und besonders empfiehlt sich der erste Theil durch eine angenehme Simplicität, so wie der andre durch die komische Laune.

Die dritte Arie ist ernsthafter, und der Baß meistentheils in melodisch fortgehenden Achtheilnoten komponirt, unstreitig, das sanfte Fliessen des Baches anzuzeigen. Das: **Sieh mich an, und denke nach**, hat mir sehr wohl gefallen, so wie überhaupt diese ganze Arie. Die zweite Strophe ist, dem Innhalte des Texts gemäß, in geschwindere Bewegung und auch in eine andere Tactart gesetzt; doch ist die Melodie die nemliche.

In der vierten Arie, welche viel Abstechendes hat, scheint im letzten Theile der vollkomne Schluß in g moll über den Worten: **sprach oft ein Mann zu mir**, nicht am rechten Orte zu stehen. Der Komponist hat aus einem Komma im Text ein Punctum in der Musik gemacht. Besser würde hier ein Abschnitt in die Quinte d, und der Schluß in g. moll über dem Worte: **spielen** gestanden haben.

Dann

Dann hätte durch die Septima von g in c moll bey den Worten: Groß werden sie ausgewichen, und bey: dereinst wie wir wieder in b gegangen werden können. Dadurch wäre wenigstens eine eckelhafte Wiederhohlung in einerley Töne vermieden worden.

Das folgende Lied verdient seines leichten und fliessenden Gesanges wegen angemerkt zu werden.

Die Einleitung zum Recitativ des Amtmanns ist marschmäßig, und durchgängig fortgeführt.

Die Musik des Duetts auf der 31sten Seite würde an einem andern Orte vortreflich gewesen seyn, aber auf dem Theater ist sie etwas langweilig. Ueberhaupt mißfällt auf der Bühne eine zu weitschweifige Modulation. Ausserdem kann man hier bestätigt sehen, was ich im Anfange vom Mühsamen und Aengstlichen in Rücksicht auf das Akkompagnement gesagt habe.

Der darauf folgende Gesang des Kommissarius hat viel für die Action, und die Formate über dem Worte verstummen hätte nicht schiklicher angebracht werden können.

Auf der 38sten Seite auf der ersten Zeile ist eine grosse Aehnlichkeit im Akkompagnement mit der Einleitung zum oben angezeigten Recitativ.

Das Duett zwischen dem Kommißarius und Kätchen hat einen guten Kontrast. Aber was soll der kleine Nachsatz? Das Rauschen desselben hat nicht die mindeste Beziehung weder auf das Vorhergehende noch Nachfolgende.

Der Uebergang S. 49. von e moll in c dur ist frappant. Ein andrer Komponist würde mit mehrerer Sorgfalt den Perioden: **So ist auch** ꝛc. ꝛc. mit dem Septenakkord über e angefangen haben.

In dem Septett S. 52. auf der untersten Zeile ist **nur** geschwind hintereinander lang und kurz accentuirt. Leidlicher hätte die andre Stimme in Thesi mit einer weissen Note eintreten können. **Nicht** wäre alsdann immer noch lang und markirt geblieben.

Die erste Arie des zweyten Acts von Hannchen ist schön, und in der Manier des Gesangs in der Jagd: **Ich habe meinen Christel wieder** ꝛc. ꝛc. geschrieben.

Bey der Verwechselung der Thesis und Arsis in der Polonoise S. 59. u. f. fühlt man einen gewißen Zwang. Ueberhaupt will die Polonoisenbewegung dem Herrn Verfaßer nicht recht gerathen. Auch in der Polonoise auf der 88sten Seite ist viel gezwungenes. Der gleichfolgende Wechselgesang von dem Kommißarius und Gustel ist hingegen voll sanfter Empfindung.

Die

Die Melodie des Liedes: **Was eine gute Mutter** 2c. 2c. ist der alten Marthe, welche erzählt, wie sehr sie für die Keuschheit ihrer Tochter besorgt sey, angemessen.

Das Duett S. 74. und 75. ist kurz und gut. Besonders ist die Sekundentransposition bey: **Sie merkens** schon, **und was?** sehr passend.

S. 76. wird durch die am Ende veränderte Tactart gar nichts gewonnen.

Dritter Act. Bey dem Ausdruck: **Thu dir Gewalt**, auf der 90sten Seite wäre zu wünschen, daß der Verfasser nicht zu sehr in das Karrikaturmäßige verfallen wäre. Dichter und Komponist haben sich bey dieser Romanze vereinigt, unsre Ohren durch Mistöne zu beleidigen.

In der darauf folgenden Arie gegen das Ende ist die Bewegung zu lebhaft. Der Ausdruck wird dadurch schielend.

Auf der 96. Seite im ersten System haben die Instrumente einen Gedanken, der von Note zu Note schon zweymal da gewesen ist. Es scheint ein Lieblingsgedanke des Verfassers zu seyn.

Das Quartett S. 97. zeigt hingegen, wie gut Herr Wolf die verschiednen Situationen der Personen zu behandeln weiß.

Auch in dem Gesange mit untermischtem

Chore wird man viel Ueberlegung des Komponisten bemerken. Der Amtmann spricht, nachdem er den Anwesenden Aufmerksamkeit geboten, Hannchen den Kranz zu. Er fängt an in c dur und in $\frac{2}{4}$ Tact zu singen, und schließt in g dur. Die Anwesenden sind alle damit zufrieden, und diese Zufriedenheit wird man in dem Chor, welches mit g dur in $\frac{3}{8}$ Tact angefangen, und mit c dur geschlossen wird, genau ausgedrückt finden. Hierauf wird der erste Abschnitt des Amtmanns wiederhohlt, welcher aber in etwas abgekürzt ist, und hier überreicht der Amtmann Hannchen den Kranz. Dann folgt das nemliche Chor.

Nun singt Lottchen einen Zwischengesang, worinnen sie den Wiederhall aufruft, Hannchens Namen ertönen zu lassen, und Echo gehorcht. Ob dies nicht zu gespielt sey, mag der Verfasser selbst entscheiden. Die Tonart dieses Zwischengesangs ist anfangs f dur, und mit der Dominante über g wird die Einleitung zum letzten Chor gemacht, welche mit c dur völlig schließt.

Die Wiederhohlung: Der Amtmann, der Amtmann soll leben, ist nicht blos der Melodie zu gefallen da, sondern ein sehr schickliches Compliment, das ihm seine Untergebnen machen.

Der

Der völlige Beschluß dieser Oper wird gewöhnlichermaßen mit einem Divertissement gemacht, und jede Strophe endigt sich mit denen sehr gut deklamirten Worten: **Weg ist die Rose!**

Zu dem Ballette ist noch eine Romanze angehängt, welche in dem leichten und einförmigen Romanzentone geschrieben ist, und dem Musikus mehr Ehre macht, als dem Dichter.

VIII.

Der Deserteur, ein Drama aus dem Französischen des Herrn Mercier, übersetzt von einem Officier, Berlin bey Lange. 1771.

Der Deserteur aus dem Franz. Hamburg.

Der Deserteur, ein Schauspiel in fünf Aufzügen aus dem Französischen des Herrn Mercier, in einer freyen Uebersetzung, Mannheim bey Schwan.

Dürimel, oder die Einquartierung der Franzosen, ein rührendes Lustspiel nach dem Franz. Prag bey Höchenberger.

Noch immer scheint der kleinste Theil unsres Publikums überzeugt zu seyn, daß die Bühne der Franzosen jetzt mehr in ihrer Abnahme als in in ihrer Blüte steht, daß es der Vortheil der unsrigen erfodre, uns von der knechtischen Bewundrung unsrer Nachbarn loszureissen, und daß es thöricht sey, eine Nation, deren theatralischer Geschmack noch so schwach gegründet ist, der Gefahr eines falschen Geschmacks auszusetzen. Man verbietet jetzt in so vielen deutschen Provinzen die Einfuhr ausländischer Waaren; wenn doch auch das schärfste Verbot die Uebersetzung solcher dramatischer Zwittergeburten untersagte! Die vier Uebersetzer des Deserteur können sich vielleicht mit dem Verlangen der Schauspieler entschuldigen. Der Titel **Deserteur** allein hat für den großen Haufen schon viel reitzendes, den Schuß hinter der Bühne ungerechnet. Alle Gesellschaften hatten das Stück schon gespielt, als sich die Kochische erst entschloß, es auch zu geben. So bald ich von diesem Entschluße hörte, nahm ich mir vor, wenn sich die Vorstellung selbst nicht hintertreiben ließe, wenigstens einige Aenderungen vorzuschlagen, ohne welche man nie ein ausländisches Product auf einheimische Bühnen bringen sollte. Unter allen vier Uebersetzungen legte ich die Berliner zum Grunde, weil mir der Hauptton des Mercier hier am besten erreicht zu seyn schien, und half ihr nur in denen Stellen nach, wo es dem Dialog an Geschmeidigkeit fehlte. Sollte man es wohl glauben, daß unter allen Uebersetzern nur der

Man-

Manheimer es eingesehen, daß die deutschen Personen eines Stücks, das in einer kleinen deutschen Stadt spielen soll, auch deutsche Namen haben müssen? Welcher Deutscher heißt wohl: Hoctau? Den St. Franc, Dücimel, und Valcour in deutsche zu verwandeln, war bey einem Stücke nicht rathsam, das auch einen so kleinen Umstand, als der Kontrast der französischen und deutschen Sitten ist, nöthig hat, um die Zuschauer zu unterhalten. Der französischen Petitsmaitres mit deutschen Namen haben wir auf unsern Bühnen endlich genug; und, ohne Valkours Effronterien, würde das Stück noch viel matter seyn.

Seit dem Falbaire einen ehrlichen Verbrecher auf die Bühne gebracht, haben es mehrere seiner Landsleute versucht, strafbare Menschen zu schildern, die dennoch unsres Mitleids würdig sind. Aber, Himmel, wie viel rührender ist Andre, als Dürimel! Mercier hat dem letztern keinen unterscheidenden Character gegeben; Dürimel ist eine seufzende Person, die wir bald überdrüßig werden. Der Deserteur von Sedaine, der so viel Lerm auf der französischen Bühne gemacht, (und an dem man sich leider zu Frankfurt und Manheim nicht satt sehen kann) hat vermuthlich Herrn Mercier die erste Idee gegeben.

Ein Vater, der seinem Sohne das Urtheil spricht,

spricht, ist von jeher in der Geschichte ein Gegenstand der Bewundrung gewesen, und Valerius Maximus hat uns in einem eignen Kapitel fünf Beyspiele aus der römischen Geschichte angeführt, worunter das vom Junius Brutus das berühmteste ist. Der römische Heroismus ist seit Korneillen ein Lieblingsthema der neuen Trauerspieldichter geworden. Ich muß Herrn Mercier loben, daß er nicht, wie andre, den Vater alle Empfindungen der Natur verläugnen lassen, sondern sich lieber bey ihm einen andern Römer den alten Horatier zum Muster vorgestellt hat. Allein eben der Kampf zwischen Pflicht und Natur, welcher das Hauptinteresse des Stücks ausmacht, erregt in allen Zuschauern, wovon ich selbst ein Zeuge gewesen, den lebhaftesten Wunsch, daß St. Francs heroische Gerechtigkeit nicht unbelohnt bleibe. Mercier läßt den Dürimel sterben, und empört uns gegen die menschliche Gesellschaft, welche den Vater gegen den Sohn waffnet. Die Situation des St. Franc, die Erkennungsscene zwischen ihm und seinem Sohn, die Trennung der Liebenden, der Schuß, welcher die Clary erschreckt, machen den anziehendsten Theil des Stücks aus. Aber um dieser Scenen willen müssen wir fünf gedehnte Acte aushalten. Mercier glaubte, es sey damit alles gethan, und war um die Charactere unbesorgt. Dürimel und Clary haben gar keinen, sondern martern uns

blos

blos mit einem monotonischen Gewimmere, mit frostigen Elegien. Lüzere ist eine kalte Raisonneuse. St. Francs Würde verschwindet unter seinen langen Haranguen, die sich eher für den Feldprediger schickten. Seine erbaulichen Betrachtungen machen besonders den vierten Aufzug unausstehlich. Der Manheimer Uebersetzer hat es eingesehn; aber dem Fehler nicht abgeholfen. Hier durchstrich ich unbarmherzig, und machte die Scenen lieber zu kurz, als zu langweilig. Die einzigen beyden Charactere, die das Stück unterstützen, Hockart und Valcour sind nicht durchgesetzt. Ich suchte sie, mehr durchzuführen, so viel als es sich thun läßt, wenn man eine Arbeit eines andern nicht ganz einreissen, sondern nur etwas von dem Seinigen einschieben darf. Von der Kunst der Exposition versteht Mercier gar nichts: und wir werden daher mit lauter Erzählungen gemartert. Ein unnöthiges Mittel, das Mitleid zu erhöhen, ist es unstreitig, wenn die Heirath beym Mercier wirklich vollzogen wird; ja es kann vielmehr zu mancherley Spott Anlaß geben. Da sich überdies bey einem frölichen Ausgange die Hochzeit gar füglich bis ans Ende aufschieben läßt, so versparte ich sie auch bis dahin.

Hätte ich die Sprache erträglich machen wollen, so hätte ich alle Rollen umschreiben müssen. Eine Sprache, die nicht aus dem Inneren

neren des menschlichen Herzens, sondern aus der Rüstkammer der Modeschriftsteller entlehnt worden; nichts als kostbare Deklamationen ersticken die Rührung, welche die Fabel an und für sich noch hervorbringen könnte. Meistens kürzte ich hier nur ab; zuweilen ward ein natürlicher Ausdruck substituirt.

Ein Stück, das zu wenig heftige Situationen hat, die uns auf ein schreckliches Ende vorbereiteten, das sogar den Wunsch eines frölichen Ausgangs erregt, konnte seine tragische Katastrophe unmöglich behalten. Aber diese Aendrung war die schwerste unter allen. Ein Pardon, der vom Himmel fällt, ein seitenlanger Rapport des Valcour, sind sehr wohlfeile Mittel, und sich in grössere Unkosten zu setzen, hat der Manheimer Uebersetzer nicht für gut befunden. Sollte nicht das ganze Gebäude eingestürzt werden, so war weiter nichts zu thun, als den Pardon nur einigermassen vorzubereiten. Dies suchte ich durch folgende neue Scenen zu bewerkstelligen:

Zum zweeten Act,

Neunter Auftritt:

Valcour, Hockart.

Hockart (für sich im Hereintreten) Wie, wenn ich der Mutter erst noch bange ums

Her-

Herze machte? Wenn ich ihr sagte, daß ich der selbst ernannte Depositarius ihres Geheimnisses bin? --- Aber der Franzose --- (er wird den Valcour gewahr, und will wieder abgehn)

Valcour Meinen Sie mich, mein Herr Haushofmeister?

Hockart Reden Sie mit mir? Ich habe keine Zeit ---

Valcour Die ungeschickten Deutschen! Aber, guter Freund, ich verlange es gar nicht umsonst ---

Hockart Die Herrn Franzosen und ich sind noch niemals sonderliche Freunde gewesen.

Valcour Er und ich wollens gar bald werden. Er kennt doch den Herrn Bräutigam ---

Hockart Ich bin nun eben nicht hergekommen, mich auch von Ihnen vexiren zu lassen? Es ist doch ein Franzose, wie der andre!

Valcour Hab ichs nicht gesagt, der Herr Bräutigam ist ein Franzose? Das sah ich ihm gleich an!

Hockart (für sich) Da könnte ich nun gleich mein Geheimniß an den Mann bringen!

Valcour Höre er, mein lieber Mann ---

Hockart Ich habe noch mein Lebtage keinen Franzosen geliebt, aber ---

Val-

Valcour Aber mich gewiß, dafür stehe ich: Hör er, ich will ihm was zu verdienen geben. Das Kuppeln scheint sein Handwerk zu seyn.

Hockart Erst ein Haushofmeister, hernach ein Kuppler! Die Höflichkeit ist bey euch Herrn doch sonst noch immer das beste. Ich heiße Hockart, und, wenn Sie acht Tage bey uns bleiben, können Sie mich Herrn Bürgermeister Hockart nennen.

Valcour Der Teufel hohle seinen Namen, und seinen Titel dazu! Der Henker mag sie aussprechen! Wenn Wilhelmine so einen verteufelten Namen hätte, so möchte sie ein Deutscher oder ein Franzose besitzen, es wäre mir parbleu einerley!

Hockart (für sich) Die verliebten Narren! (laut) Ja, ja, ihr Herrn summt immer um die Mädchen herum, wie die Wespen.

Valcour Wenn er mir die spröde Wilhelmine kirre machen hälfe, mein Seele, ich sollte ihn glücklich machen.

Hockart Die ist für einen Franzosen viel zu gut! Und wofür sehen Sie mich an?

Valcour Wenn er mir nur den verwünschten Bräutigam vom Halse schafte!

Hockart Dazu brauchten Sie mich nicht! Aber was gäben Sie mir da für?

Val-

Valcour Ich machte dich zu meinem Schwiegerpapachen! Ich habe die Madam schon dem Chevalier angeboten, aber mit dem ist nichts mehr anzufangen. --- Aber was für ein Wetter muß den Franzosen herverschlagen haben? Das Ding ist mir verdächtig!

Hockart (für sich) Ja daß ich dirs nun sagte! (laut) Kurz und gut, zum Spion lasse ich mich nicht gebrauchen.

Valcour (schlägt ihn auf die Achsel) Freund, du bist auch zu gar nichts nütze! (geht pfeifend ab)

Hockart Wenn ich nur das Geschmeisse vertilgen könnte! Die Franzosen! --- Nun kann ich für einen andern arbeiten! --- Aber, wenn ich nur erst mit einem fertig bin --- Jener ist eingewurzelt, und der noch neu --- (geht tiefsinnig ab)

Vierter Act
Sechste Scene
Die vorigen, Hockart.

Hockart Nicht so hitzig, meine Herrn und Damen, nicht so hitzig!

Dürimel Und du wagst es, Verräther mir auch noch meine letzten Augenblicke zu verbittern?

St. Franc Niederträchtiger!

Hockart Gemach! Sie lassen Ihre Galle gegen den unrechten aus. Halten Sie sich an Ihren Herrn Landsmann!

St. Franc. Wir können unsre Zeit besser anwenden, als uns mit diesem Elenden abzugeben.

Durimel. Kommen Sie, mein Vater, wir wollen hineingehen. Komm, Wilhelmine! (Durimel und St. Franc gehen ab)

Siebente Scene.

Frau Brandt, Wilhelmine, Hockart.

Hock. Sein Vater!

Frau B. Ja, Ungeheuer, sein Vater!

Wilh. Lassen Sie uns fliehen! Sein Anblick ist mir unerträglich!

Hock. Ja, lieber dem Deserteur nachgerannt! Die Freude wird bald ein Ende haben!

Fr. B. Und die Wiedervergeltung nicht aussen bleiben! (geht mit Wilhelminen ab)

Achte Scene.

Hockart.

Sein Vater? Immer was neues! Immer

was

was der Queere! Daß der Vater seinen Sohn arquebusiren ließe! Er schaft ihm wohl gar zum Lohn seiner treuen Dienste eine Kompagnie, und ich heiße bis an mein seeliges Ende ein Verräther. Wilhelminen nimmt er mit, und Frau Brandt wird sich vor mir scheuen, wie vor dem bösen Feinde --- Fast dauret mich der Ausreisser! Das Ding wird mir noch im Kopfe herumgehen! (geht ab)

Fünfter Act.

Neunte Scene.

Die vorigen, St. Franc, der Obriste.

Wilh. (welche sich von ihrem Schrecken erhohlt) Ach, mein Vater, was haben Sie mit meinem Durimel gemacht?

St. Franc (bey S. zum Obristen) Wir müssen sie schonen. (laut) Ich komme wieder, ich hatte es dir versprochen.

Valc. (zum Obristen) O mein Vater, konnte Sie nur Durimels Tod aussöhnen?

Obrist. Heute habe ich die ersten Thränen vergossen.

Frau B. O bey diesen Thränen beschwöre ich Sie, bringen Sie der Gerechtigkeit, die sie so strenge lieben, noch ein Opfer! Strafen Sie

den

den Verräther, so lieb Ihnen auch die Verrätherey seyn mag!

Wilh. Ja strafen Sie den Barbaren -- den Hockart -- er hat ihn getödtet -- (zu St. Franc) den Sohn unter den Augen des Vaters.

Valc. Was hat man mir geheim gehalten? Sein Vater? – Dem Hockart sah ichs gleich an!

Obrister Ihr werdet euch noch alle mit Hockart aussöhnen!

Zehnte Scene.

Die vorigen, Hockart.

Valc. (will auf Hockart losgehn, und wird von dem Obristen zurückgehalten) Uns noch unter die Augen zu treten? Diese Frechheit darf nicht ungeahndet bleiben!

St. Franc Halt, Valcour, er ist unser aller Erretter. (alle drücken ihr Erstaunen aus) Ihm habe ich die Aussöhnung mit dem Herrn Obristen zu danken! (der Obriste und St. Franc drücken sich die Hände)

Frau B. Und Durimels Tod!

Obrister Reissen Sie sie aus dieser peinlichen Ungewißheit!

St. Franc Durimel lebt!

Wilh. O täuschen Sie mich nicht, mein

Va-

Vater! Ich habe zu gut gehört! -- Würde Durimel in meine Arme fliehen?

St. Franc. Ich glaubte, eine so plötzliche Freude könnte dir tödlich seyn, und hielt ihn mit Gewalt zurück. Er soll gleich hier seyn. (er geht ab)

Eilfte Scene.

Frau Brandt, Wilhelmine, Valcour, der Obriste, Hockart.

Frau B. (zum Obristen) Gnädiger Herr, ist es möglich?

Obrister Ja, Madam, Durimel lebt, Herr Hockart ließ nicht eher ab, als bis ich ihn auf den Exekutionsplatz begleitete. Hier sah ich ein Schauspiel, das ich noch nie gesehn, so lange ich schon in der Welt gelebt, ein Wunder von Heldenmuth und Zärtlichkeit. Ich weiß nicht, wie es kam, allein der Groll schwand aus meinem Herzen; ich rief, wie im Taumel, Gnade, und die Schüße, die Sie gehört haben, geschahen in die Luft.

Wilh. Und Durimel kommt noch nicht?

Zwölfte Scene.

Die vorigen, St. Franc, Durimel.

Dur. (fliehet Wilhelminen in die Arme)

Wilhelmine! (beide bleiben vor Entzücken sprachlos)

St. Franc (zur Frau B.) Madam, krönen Sie das Glück des heutigen Tages! Ich habe einen Sohn wiedergefunden! Geben Sie mir auch eine Tochter!

Frau B. Können Sie noch zweifeln, daß ich eilen werde, mein eigen Glück vollkommen zu machen?

Obrister Erlauben Sie, daß ich Zeuge davon seyn darf. Ich will mein Hochzeitgeschenk immer zum voraus machen. Durimel, ein Mann, der dem Tode so unerschrocken entgegen gehen, der einem solchen Vater und einer solchen Geliebten entsagen konnte, wird auch den Tod fürs Vaterland nicht scheuen. Ich stehe Ihnen für eine Kompagnie.

Dur. Welche Gnade!

Obr. Wenn es lauter solche Deserteurs gäbe, so würden wir kein Kriegsrecht mehr nöthig haben.

Hock. (Zu Durimel) Sie verzeihen mir doch?

Dur. Von ganzem Herzen!

Hock. Nun so bin ich belohnt gnug! Ich verdiene nichts weiter. Aber doch! — Die Liebe läßt mir nun einmal nicht vom Halse — Auf Wilhelminen muß ich nun freylich Ver-

zicht

zicht thun — Ich bin auch nicht viel werth — Aber wenn sie ein gut Wort einlegten. —

Frau B. Was sie für ein Stutzer sind, Herr Hockart! Erst die Mutter, dann die Tochter, und dann wieder die Mutter! Auf Sie kann man bauen! Und dann hassen Sie ja die Franzosen!

Hock. Stille, stille! Halten Sie mir keine Strafpredigt —

Obr. Ich dächte, Frau Brandt, ich dächte Sie gäben diesem Deserteur auch Pardon!

IX.

Der Aerndtekranz, eine komische Oper in drey Aufzügen, Leipzig in der Dyckischen Handlung 1771. S. 214. 8.

Bey Werken von allgemein bekanntem und unstreitigen Werthe hat der Recensent den Vortheil, daß die Leser, ob er ihnen gleich nichts neues sagen kann, dennoch die Recension nicht überschlagen, weil sie zum voraus wissen, daß sie nur ihre eignen Gedanken lesen werden.

Wenn die komische Oper nicht eine bloße Rhapsodie von Vaudevillen seyn soll, die übel und böse in einen gewißen Zusammenhang gebracht

bracht worden, wenn sie nicht blos die Gestalt der Intermezzos haben soll, so muß sie der Komödie, so viel es sich wegen der übrigen Absichten will thun lassen, ähnlich gemacht werden. Die mannigfaltigen Gattungen des Lustspiels in die komische Oper übergetragen, machen dahero eben so vielerley Gattungen derselben aus. Wie weit die komische Oper in der Rührung gehen könne, hat uns Herr **Weiße** in der Jagd gezeigt. Musikalische Possenspiele sind die beyden Theile des Teufels und der Dorfbalbier. Ländliche Lustspiele, welche man mit den Schäferspielen nicht verwechseln muß, kann man die Liebe auf dem Lande und Lottchen am Hofe nennen. Die Characterkomödie hat noch kein Deutscher auf die Opernbühne gebracht. Aber ein musikalisches Intriguenstück erhalten wir hier im Aerndtekranz.

Da die Grossen das deutsche Theater nicht unterstützen, so hängt seine Erhaltung leider blos von der **Menge** ab. Für die Menge aber müssen in allen Landen Nationalpossenspiele geschrieben werden, wenn sie Unterhaltung finden soll. Diese Possenspiele mit dem guten Geschmack zu vermählen ist ein eben so grosses Verdienst, als Kirchenlieder und Kinderlieder schreiben. Der theatralische Geschmack unsres Publikums ist noch ganz in seiner Kindheit.

Die

Die Intrigue der Operette darf nicht allzuverwickelt seyn. So ist die vom Aerndtekranz sehr simpel. Eine Edelfrau sucht, in ländlicher Verkleidung, ihren Ehemann zu seiner Treue zurückzuführen, und es gelingt ihr. Herr Weiße verlegt die Scenen seiner Opern gern auf das Land, um dadurch den Gesängen mehr Wahrscheinlichkeit zu geben. Diese Oper hat blos von der Scene den Namen, und man muß beym Aerndtekranz nicht an die Schnitter von Favart denken. Vielmehr ist dieses die erste Operette, in welcher Herr Weiße und überhaupt ein Deutscher eine eigne Erfindung zum Grunde gelegt hat. Das ländliche Interesse ist hier nicht das Hauptinteresse, sondern dem Interesse der Edelfrau untergeordnet. Folglich darf man hier nicht so einen grossen Reichthum von ländlichen Naivitäten erwarten, wie in der Liebe auf dem Lande. Daß aber das Stück dennoch nicht arm daran sey, wird man von dem Dichter der Liebe auf dem Lande nicht anders erwarten. In der Intriguenkomödie bleiben die Charactere stets untergeordnet, folglich darf man hier weder so hervorstechende noch so ausgearbeitete Charactere suchen, als in der Jagd. Indessen hat der Aerndtekranz doch zwey neue Charactere, eine Mutter, die zur Verführung ihrer Tochter mehr die Hände beut, als sie hindert, weil sie der Hochmuthsteufel plagt, und ein Mädchen, das sich vom Glanz der städtischen Hoheit sein wirklich blenden läßt; das uns aber um desto liebenswürdiger erscheint, je mehr wir sehen, daß sie wider ihren eignen Willen hingerissen wird. Sie giebt der Mutter so gut recht, als dem Vater. Pachter Thomas ist die Karrikatur von Michel, seine Gelehrsamkeit und seine Politik machen ihn komischer. Das kleine Sußchen ist allerdings eine episodische Person, die auf die Handlung keinen Einfluß hat. Allein bey der komischen Oper, mehr als bey irgend einer andern Gattung von Schauspielen, ist es nöthig, auf ein gewißes Theater Rücksicht zu nehmen; und, da die Kochische Gesellschaft bishero in der komischen Oper noch die einzige geblieben, so muß der Operettendichter vorzüglich für diese arbeiten. Die Rolle von Sußchen ist offenbar für die jüngere Dem. Schickinn geschrieben. Wie viele ganze französische Stücke haben einer einzigen Schauspielerinn den Ursprung zu danken! Herr Weiße hat seiner Intrigue mehr Wahrscheinlichkeit gegeben, als sonst selbst die Lustspieldichter zu thun pflegen, ganz gegen das Vorurtheil, als ob der Titel Oper eine Apologie für die grösten Unwahrscheinlichkeiten wäre. Der Junker glaubt, daß die Blattern seine Gemahlin verunstaltet, die sie doch vermittelst der Inokulation glücklich überstanden, dennoch verkennt er seine verkleidete Amalia nicht ganz, und aus seiner Ungewißheit sind die schönsten Scenen des Stücks entstanden.

Daß

Daß überhaupt Herr Weiße aus seiner Intrigue mehr dann eine schöne Scene gezogen, würde man auch ohne Erweis glauben. Wenn Amalia Lieschen vor der Gefahr warnt, aber ihre eigne Mutter die Rührungen wieder vernichtet, wenn Amalia Lieschen eifersüchtig zu machen sucht, wenn Peter wider seinen eigenen Willen untreu wird, wenn uns der Dichter die iras amantium so wahr, so lebhaft, und so neu schildert, so wird wohl niemand mehr anstehen, den Aerndtekranz zu unsern besten Schauspielen zu rechnen. Hat wohl das Rosenfest von Favart so viel interessante Scenen?

Nur die zweite und sechste Scene des ersten Acts scheinen mir ein wenig zu lang gerathen zu seyn.

Der Zug mit dem Staarmatze würde einem Schäfergedicht Ehre machen.

Der Einfall, daß Thomas den Bedienten der Amalia für einen Spitzbuben ansieht, ist zugleich natürlich und komisch. Wenn Thomas den Zacharias (S. 33.) nicht ausreden läßt, und durch alle Reden deßelben in seinem Wahn bestärkt wird, wer kann sich da des Lachens enthalten?

Wie vortreflich wird uns der Character des Pachters gezeichnet, wenn er z. E. S. 46. blos deswegen es nicht begreifen kann, warum ein

 Mann

Mann seine Frau im Stiche lasse, weil sie ihm eine reiche Aussteuer zugebracht, oder wenn er den Mann gleich für entschuldigt hält, so bald er hört, daß Geschäfte den Anlaß zu dieser Entfernung gegeben, oder wenn (S. 63.) der politische Thomas sich selbst aufs Maul schlagen muß. Ueberhaupt giebt seine Begierde zu raisonniren zu vielen schönen Zügen Gelegenheit.

Der Theatercoup, mit welchem sich die zweite Scene des zweiten Acts anfängt, ist sehr schön angebracht. Lieschen beschäftigt ihre Einbildungskraft mit den süssesten Vorstellungen von dem gnädigen Herrn: Er wird mich streicheln, mich in die Backen kneipen, er wird — — Was sie hier aus Schaam für sich selbst zu verbergen sucht, das setzt Amalia hinzu, welche herbeispringt, und sie küßt: Er wird dich küssen!

Ein Name; welche Kleinigkeit, aber welche Schönheiten sind daraus S. 102. 103. entstanden! Peter ist der Amalia noch einmal so gut, da sie Lieschen heißt, ob er sich gleich wundert, daß sie zwey Namen hat gegen die Gewohnheit des Landvolks. Und wie naiv (S. 104.) wenn Peter sein Mädchen, auf das er zürnt, nun Liese statt Lieschen nennt!

Bestän-

Beständig sind Züge eingestreut, wodurch der Zuschauer an Amaliens wahren Stand erinnert wird. Dies befördert nicht allein die Wahrscheinlichkeit, sondern erregt auch zugleich Besorgniß, man werde sie unerachtet ihrer Maske erkennen, und erzeugt zugleich einen schönen Kontrast zwischen den Land- und Stadtsitten. Aus wie vielerley Gesichtspuncten ließen sich z. E. die wenigen Worte loben, wenn Peter Amaliens Hand angreift (S. 106.) und sagt: Viel mag sie aber doch nicht gearbeitet haben!

Könnte wohl etwas mehr in dem Character der zankenden Ehefrau seyn, als wenn sie S. 122. fragt: So? Ist Dorchen etwa von dir eine Tochter, daß ichs nicht weiß? Wie schön zugleich, da der Pachter von dem Verständniße zwischen Dorchen und Peter nichts weiß, ja es sich, nach dem, was er weiß, nicht einmal träumen lassen kann! Ueberhaupt ist die letzte Scene des 4ten Acts wegen des Eindrucks, den eine Sache, von der alle Personen falsch unterichtet sind, macht, vortreflich. Wie schön, wen Marie nun (S. 125.) über die Gleichgültigkeit ihres Mannes zürnt, die doch ganz andre Ursachen hat, als sie meint! Sehr schön, wenn (S. 127.) Thomas alle drey auslacht.

Die zweyte Scene des zweyten Acts ist ungemein theatralisch. Die Grimaßen des Thomas müssen den Zuschauer vor Lachen nicht zu sich selbst kommen lassen. Die Willfährigkeit des Thomas, die den Lindford selbst befremdet, giebt der Scene viel anziehendes.

S. 154. u. 156. ist es eine der grösten Feinheiten, wenn gerade das, was Marie und Lieschen mistrauisch machen sollte, nemlich die Gleichgültigkeit Lindfords über Rosenwassern, sie immer noch mehr bethört.

Lindfords Rührung (S. 160.) beweißt, wie sich selbst die komische Oper mit der Moral aussöhnen könne. Wie reitzend ist die treuherzige Unschuld!

Lindfords Verlegenheit, Lieschens Eifersucht machen den sechsten Auftritt des dritten Acts sehr interessant.

In Ansehung der Sprache wird ein billiger und vernünftiger Richter nie vergessen, daß der deutsche Magen derbere Nahrung verlangt, als der französische, und daß ein Dichter, dem gewiß niemand die Talente zur Delikatesse absprechen wird, sie hier zur Unzeit angebracht haben würde. Und verdient etwa der niedrigkomische Stil gar keine Bearbeitung? Man erwäge nur, welchen vortreflichen Gebrauch Herr Weisse von den sprichwörtlichen Redensarten unser Sprache zu machen weiß, und man wird ihn auch hier bewundern.

Des Boulmiers, wenn er sich in der Vorrede zur Histoire de l' Opera comique rechtfertigen will, warum er in seinem Auszuge von französischen Operetten die besten Arien derselben eingestreut, sagt: Il ne nous reste plus qu' à engager à lire cet ouvrage non pas, avec attention, mais avec gaité & meme a chanter les couplets que l'on trouvera sur son chemin. Chanter une Histoire! So kann man auch ausrufen: Eine Recension singen! Aber, da die Arien der wichtigste und reitzendste Theil der Operetten sind, so wäre es beynahe genug, wenn eine Recension nur einige der besten Arien excerpirte. Der Leser hat dabey die Freyheit, sich selbst eine Melodie zu machen, und hat keine trokne Kritick zu verdauen. Ueberhaupt wäre es gut, wenn das Singen der Recensionen allgemein würde, der gemishandelte Autor könnte sich mit dem Absingen der Recension eben so trösten, als der geplagte Ehemann mit dem Pfeifen. Dies müste desto leichter seyn, da man heut zu Tage so oft den Ton der komischen Oper in die Recensionen überträgt. -- Von den schönen Duetten, Terzetten, und Quartetten, woran der Erndtekranz reich ist, darf ich wohl nichts abschreiben, weil doch jeder eine Recension für sich allein im Lehnstuhl

stuhl ließt; und, geschwinder das Buch selbst, als seine Nachbarn hohlen lassen kann. Die besten Arien stehen S. 43. 49. 66. 71. 100. 141. 148. 150. 160. Von diesen will ich nur drey abschreiben:

Amalia.

Seht den jungen Zephir streichen,
Und bedenkt, wie viel ihm gleichen,
O wie flattert er umher,
Bald zu dieser bald zu der!

Jetzt küßt er die hohe Linde,
Schmeichelt ihr und flieht geschwinde
Zu der Tulpe, die er küßt,
Und die schnell vergessen ist.

Bald trägt er sein süß Gewäsche
Zu der Pappel oder Esche,
Lispelt bald dem Haberrohr
Seine schlauen Seufzer vor.

Seht ihn jetzt zur Rose fliehen!
Ewig wird er für sie glühen,
Wenn er nicht --- um Binsen wirbt,
Und zuletzt am Sumpfe stirbt.

Amalia.

Lieber Staarmatz, o bey mir
Soll ein prächtig Häuschen dir
Einen sichern Wohnplatz geben!
Zwischen hellem Grasegrün
Laß ich goldne Sprossen ziehn,
Und dazwischen Kränze schweben.

Weiß auf Schwarz läßt immer fein;
Silber soll dein Schellchen seyn,
Und am schwarzen Hälschen klingen.
Zuckerwerk und Marcipan
Will ich dir auf Porcellan
Früh mit eignen Händen bringen.

Schwatze mir recht fleisig zu,
Frag ich, so antworte du!
Viel werd ich zu fragen wissen.
Sprech ich, Mätzchen, liebst du mich?
Sage schnell: Ich liebe dich,
Und dafür will ich dich küssen.

Lieschen.

Meine Tochter traue nicht!

Was

Was ein Junker dir verspricht,
Sind nnr schöne goldne Lügen,
Man pfeift dir jetzt schmeichelnd vor,
Oefnet sich dein willig Ohr,
So läßt sich dein Herz betrügen.

Siehst du, unser Schäfer fieng,
So das arme kleine Ding,
Dem wir hier das Futter reichen,
Lieblich weckend reitzt er dir
Erst des Vogels Neubegier,
Und entriß ihn sichern Sträuchen.

Dann warf er der Sängerinn
Schlau ein glänzend Würmchen hin,
Ach sie fraß und war gefangen!
Jetzund weinet ihr Gesang
Tage lang und Nächte lang,
Daß man sie so hintergangen!

X.

Johann Friedrich Löwen.

Je sparsamer die Patrioten und die Kenner des Theaters in Deutschland noch immer sind,

sind, desto mehr muß ich auch hier den Verlust eines Mannes beklagen, der sich in seinem Leben so eifrig für dasselbe interessirte. Aber ich habe auch noch eine nähere Veranlassung, hier von ihm zu reden. Gleich der erste Aufsatz, welcher den Anfang des Parterrs macht, war ein Geschenk von ihm; er versprach mir noch wenige Tage vor seinem Ende, mich künftig noch mit mehrern Beiträgen zu unterstützen; und, ob ihn gleich, seit einigen Jahren, seine hinfällige Gesundheit abhielt, seinen Freunden so viel Dienste zu leisten, als sein redliches Herz wünschte, so kam mir doch wenigstens sein guter Rath zu statten.

Joh. Friedrich Löwen war gebohren zu Klausthal auf dem Harze im Jahr 1729. Unter seinen **Schriften** findet sich eine Ode, (Th. II. S. 27.) die er diesem seinem Vaterlande gewidmet. Er studirte die Rechte zu Göttingen, und hätte sich gern ganz dem akademischen Leben gewidmet, wenn er von Hause die nöthigen Promotionskosten hätte erhalten können. Er wendete sich im Jahre 1751. nach Hamburg, und war entschlossen, mit Empfehlungsschreiben von Hagedorn nach London zu gehen, als ihn der Legationsrath Zinck zu sich ins Haus nahm, und ihn ermunterte, sich durch Schriften in Deutschland bekannt zu machen. Auf diese Ermunterung gab er noch in demselben

Jahre,

Jahre seine ersten poetischen Versuche unter dem Titel: **Zärtliche Lieder und anakreontische Scherze** heraus. Er zog bey der Wahl der Dichtungsart, worinnen er sich zuerst zeigte, mehr die damalige Mode, als sein eigen Genie zu Rathe. Seine Umstände nöthigten ihn, geschwinder drucken zu lassen, als er es seiner Neigung nach würde gethan haben, und so erschienen 1752. seine **poetischen Nebenstunden** mit Herrn Michaelis Vorrede. Von Madam Unzerinn, die damals noch ganz Schriftstellerinn war, und von Herrn Naumann beredet, ließ er sich bewegen, an einer Wochenschrift Theil zu nehmen, die wegen ihres Titels damals viel Leser fand. **Der Christ bey den Gräbern** (1755.) trug Herrn Löwen allein zweihundert Thaler ein. Doch nun fieng er schon mehr an, sich in diejenige Sphäre zu finden, für die ihn die Natur bestimmt hatte. Im Jahr 1755. legte er den ersten Grund zu seinem Ruhme durch sein **halbes Hundert Prophezeiungen auf das Jahr 1756.**, worinnen er seine satirischen und komischen Talente zuerst entdekte. Man hat diesen Prophezeiungen mit Recht den ersten Rang unter denen Rabnerischen Nachahmungen eingeräumt. Von Hagedorn, Pope, und der Schönheit der Natur entzückt, beschrieb er 1757. den **Billewerder** bey Hamburg in einem malerisch-didactischen Gedichte. Die satirischen Züge, die

er

er nach Hagedorns Art eingestreut, und die Leichtigkeit der Versifikation, ein Vorzug, der den meisten Löwenschen Gedichten eigen ist, geben dem Billewerder einen grössern Werth, als die Gemälde. Die Beurtheilung dieses Gedichts in der **Bibliotheck der schönen Wissenschaften** gab ihm die erste Gelegenheit, seine willige Ergebenheit gegen die Kunstrichter zu beweisen, die ihn sein ganzes Leben durch von dem grossen Haufen deutscher Dichter rühmlich unterschieden hat. Er nahm einigen Antheil an den **Hamburgischen Beiträgen**; welche um diese Zeit Herr Leyding und Frau Unzerin herausgaben. Ein Lied darinnen: **In Träumen abwechselnder Freuden** rc rc. welches ihn zum Verfasser hat, ist nachher in die **Lieder der Deutschen** (S. 29) gekommen. Die Bühne hatte schon damals für ihn die grösten Reitze, er machte sich mit dem Schönemannischen Theater so sehr bekannt, daß er sogar das Glück hatte, an einer unser grösten Schauspielerinnen der berühmten **Dem. Schönemann** eine Eroberung zu machen. Einige seiner schertzhaften Briefe (Schriften Th. III.) sind öffentliche Beweise von seiner grossen Zärtlichkeit gegen diese seine würdige Gattinn. Nun war er mit der deutschen Bühne in sehr enge Verbindungen getreten, und er gab dem Publikum bald Beweise davon. Er übersetzte die **Semiramis** des

Voltaire in Versen; allein mit dieser Uebersetzung war er in der Folge selbst unzufrieden. Er schrieb sein Lustspiel: **Mistrauen aus Zärtlichkeit.** Er verfertigte den Epilog, womit Schönemann sein Theater schloß. Er verschafte seinem Schwiegervater eine Versorgung zu Schwerin, wo er selbst Sekretair geworden war. Er beklagte in einem Gedichte den Tod des Herzogs von Meklenburg, der der deutschen Bühne so viel Schutz hatte angedeihen lassen. (S. Schriften Th. I. 144.) Er gab uns eine Sammlung von den Werken des grossen Lehrers seiner Gattin, des seel. **Krügers**, und führte in der Vorrede sehr patriotische Klagen über den Zustand des deutschen Theaters. Nur um die Eiferer nicht noch mehr gegen die Bühne aufzubringen, unterdrückte er in dieser Sammlung die **Geistlichen auf dem Lande.** Niemand hat indessen diese Zeloten schöner gezüchtigt, als eben Herr Löwen in seiner vortreflichen Erzählung: **der Komödiant**, die lange im Manuscript herumgieng, bis sie der vorletzten Ausgabe seiner Romanzen beygefügt ward. Sein erstes grosses komisches Gedicht war die **Walpurgisnacht**, die im Jahr 1759. herauskam, und der er hernach bey reiferer Einsicht, nur mit Zittern, einen Platz unter seinen Schriften eingeräumt. Er erkennt selbst, daß der Einfall für eine Romanze gut, aber hier durch drey lange Gesänge gedehnt

dehnt sey. Seine satyrischen Versuche, und Götter- und Heldengespräche, die er 1760. herausgab, erhielten nicht den Beyfall der Prophezeiungen, und dies war unstreitig die Ursache, weshalb er fest entschlossen war, keine Sammlung seiner prosaischen Schriften zu machen. 1761. sammelte er das erstemahl seine bisherigen poetischen Arbeiten unter dem Titel: poetische Werke in zwey Theilen. 1762. betrat er die Bahn, auf der er die Unsterblichkeit erreicht hat. Die wenigen Bogen, die er unter dem Titel: Romanzen herausgab, enthielten Gedichte, zu deren Lobe sich alle Kunstrichter vereinigten, die das Publikum auswendig lernte, und die der Verfasser selbst zu feilen nie müde geworden. Er war nicht der erste, der Romanzen schrieb, aber er gab der deutschen Romanze einen neuen Charakter, Laune und Drolligkeit. Schon 1765. erschienen diese Romanzen sehr vermehrt und verbessert in seinen Schriften, welche ausserdem seine moralischen Gedichte, seine Erzählungen, seine Epigrammen, seine Oden und Lieder, seine musikalischen Gedichte, die Walpurgisnacht, eine prosaisch komische Epopee: Marquise, und scherzhafte Briefe enthalten. Die Vorrede giebt abermals Beispiele von seiner Achtung gegen die Kritick. Aber schon hier klagt er über die Hypochondrie, die ihm seine überhäuften Nahrungsgeschäfte zugezogen, die uns so man-

 chen

chen guten Gedichts beraubt, und ihn uns endlich ganz entrissen hat. 1766. schrieb er für Herrn Ackerman zur Einweihung des neuen Hamburger Theaters den allegorischen (denn dies war damals noch der Modegeschmack) Prolog: die Komödie im Tempel der Tugend. Merkwürdiger sind die beiden kritischen Schriften, in denen er sich in diesem Jahre zuerst als einen Kenner des Theaters zeigte. Das Schreiben an einen Freund über die Ackermannische Schaubühne gehört zu den besten Stücken dieser Art. Als, wie gewöhnlich, die beurtheilten Schauspieler ihre Unzufriedenheit darüber bezeugten, erschien die vortrefliche ironische Apologie im Namen des Ackermannischen Lichterputzers. Hierauf folgte der vierte Theil der Schriften, welcher, nebst den Schauspielen des Verfassers eine Geschichte des deutschen Theaters enthält. Wer die Schwierigkeiten in ihrem ganzem Umfange kennt, die mit dieser Geschichte verbunden sind, der wird es Herrn Löwen immer Dank wissen, die Bahn gebrochen zu haben. Die Partheilichkeit gegen die Schönemannische Gesellschaft, und die Eilfertigkeit sind menschliche Schwachheiten, die Nachsicht verdienen. Der Verfasser wuste von der Geschichte des deutschen Theaters weit mehr, als er öffentlich davon gesagt hat. Die Kritick des Hamburgischen Korrespondenten beantwortete er in einer ersten

sten und letzten Antwort. Herr Schuch glaubte seine Ehre zu retten, wenn er durch Herrn Ast ein pöbelhaftes Pasquill auf Herrn Löwen schreiben ließ. Die Streitigkeit mit Herrn Schiebeler übergehe ich, da beide Partheien todt sind. Die Einsichten, welche Herr Löwen bisher in theatralischen Sachen an den Tag gelegt hatte, bewogen die Hamburger Entrepreneurs, ihn bey der grossen Reformation der Bühne, die sie projectirten, zu nutzen, und ihm die Aufsicht über die Wahl der Stücke und die Bildung der Schauspieler mit einem ansehnlichen Gehalte zu übertragen. Herr Löwen bedachte sich, vermöge seines Patriotismus, keinen Augenblick, seine Station in Schwerin niederzulegen, selbst seine Frau und Kinder die Bühne betreten zu lassen, und sich seines neuen Amtes mit dem grösten Eifer anzunehmen. Er war es, der dem Publikum zuerst in einer **Nachricht** diese wichtige Revolution ankündigte. Er nahm sich vor, den Schauspielern durch Vorlesungen über ihre Kunst zu nutzen, und hielt deswegen eine feierliche **Anrede** an sie. Er schrieb zum Besten der Dem. Felbrich die **neue Agnese**, und gab uns, nach geschlossener Dramaturgie, in den **Unterhaltungen** angenehme Nachrichten von denen niedersächsischen Vorstellungen. Einige Gedichte, die er in dasselbe Journal gab, stehen nun unter seinen neuern Poesien. Er übersetzte den **Ma**-

 homet

homet und die Scythen des Voltaire 1768. in feurige Jamben. Als alle jene patriotische Projecte scheiterten, und das Theater wieder ambulant ward, hatte Herr Löwen keine Lust mit herumzuziehen, und nahm lieber zu Rostock eine schlechtere Station an, als die ehmalige in Schwerin gewesen war. Der gröste Beweis seiner Selbstverläugnung gegen die Kritick war die neue Ausgabe seiner Romanzen 1769. Ob er gleich ehmals versprochen hatte, nie etwas an seinen Schriften zu ändern, so verwarf er doch gleichsam durch diese Ausgabe der Romanzen alle jene vier Theile, aus denen er sie aushub. Nur aus dem Felde der musikalischen Poesie wollte er sich noch nicht ganz verdrängen lassen. Eine Probe der theoretischen Kenntniß dieser Dichtungsart hatte er schon ehedem in seines Freundes Hertels musikalischen Schriften durch die Abhandlung von der Odenpoesie gegeben. 1770. versuchte er mit Glück eine andre Art der Poesie, die gottesdienstliche, und bestritt durch Vorrede und Beispiel den Wahn, als wenn nicht derselbe Mann das Vergnügen und die Erbauung seines Nächsten befödern könne. Seine geistlichen Lieder haben den Beifall eines Klopstocks; dies ist genug gesagt. Die Anthologie der Deutschen; und beide Almanache wurden von Zeit zu Zeit von ihm mit Beiträgen geziert. Er widmete sich nun der komischen Poesie ganz, und sie war sein Trost in den letzten siechen Zeiten seines Lebens. Wie wenig ihn seine Laune auch hier verlassen, bezeugt die neueste Ausgabe seiner Romanzen. So wohl mehrere komische Gedichte, als eine Uebersetzung von Dorats Gedicht über die Deklamation nebst einem Katechismus für Schauspieler, alles dieses büssen wir nun ein, nachdem er den 23. Dec. 1771. in die Ewigkeit übergieng, zu der er sich durch sein letztes schönes Lied: die Auferstehung vorbereitet hatte. Leider ist nun schon erfüllt, was er einst in einer schwermüthigen Stunde an seine Frau schrieb:

Wenn mich einst das Geschick von deiner Seite nimmt,
(Kein Mensch erräth das, was sein Wink bestimmt)
Dann weinst du dich in trüben Tagen
Aus Sehnsucht, Lieb, und Kummer alt;
Du wirst mein kleines Lob mit heissen Thränen wagen;
Dann wird ein Freund, der meine Lieder liest,
Mir noch das Edelste --- mir eine Zähre weihn,
Und auf das Grab, das meinen Leib umschließt,
Bethränte Rosen streun.

XI.

Der Dorfbalbier, eine komische Oper in zwey Aufzügen, Leipzig in der Dyckischen Buchhandlung 1772. S. 84.

Wenn ein Deutscher die Nachtigall dem Lafontaine nacherzählt, so hält ihn Deutschland deswegen nicht minder für ein Original, weil er in den einzeln Zügen so viel Genie verrathen, daß man ihm leicht zutrauen kann, er würde das nemliche Sujet oder vielleicht noch ein besseres haben erfinden können. Und warum sollte das Detail nicht eben so viel Erfindungskraft erfodern, als die erste Idee? Die ganz originellen Ideen in Schauspielen werden sich bey jeder Nation nur auf wenige reduciren lassen; allein unter der Bearbeitung eines Genies wird auch das gemeinste Sujet ein neues Ansehen bekommen.

Lafontaine war der erste Erfinder der Idee, welche den Stof dieser neuen komischen Oper von Herrn Weiße ausmacht. Er erzählte dies Geschichtgen, um eine Moral nach seiner Art darauszuziehen. Ein Bürger macht nemlich hier die weise Anmerkung, Susanne hätte den Barthel nicht eher sollen kommen lassen, als bis sie die Bezahlung wirklich auf die Art entrichtet, wie es der Herr Schulmeister verlangt.

Ey,

Ey, antwortet Susanne, unser einer ist auch nicht so klug, wie eine Frau.

Sedaine richtete diese Erzählung unter dem Titel Blaise le Savetier 1759. für das komische Operntheater zu. Desbulmiers wirft ihm indecence und mauvaises plaisanteries vor. Allein die Moralität der Gattung von komischen Oper, wie sie Sedaine zu schreiben pflegt, besteht doch nur in der Kunst, Lachen zu erregen. Ich wüste nicht, wo man Herrn Weisse den Vorwurf des Ungesitteten machen könne. Auch der niedrige Scherz kann sowohl mit dem guten Geschmacke als mit den guten Sitten gepaart werden.

Herr Weisse hat Sedainens Plan ungeändert gelassen, und obgleich seine Operette zwey Acte hat, statt daß Sedaine alles in einen Act gebracht, so entsteht dadurch doch keine wesentliche Veränderung. Aus einem Seifensieder ist ein Dorfbalbier worden, und nicht nur durch die Veränderung der Scene sondern auch durch die Verschiedenheit des Genies beider Dichter ist eine ganz neue Ausführung, ein ganz neuer Reichthum komischer Einfälle entstanden.

Der Dialog von Herrn Weisse ist hier viel kürzer als sonst. Ja es ist fast eine Reihe von Schlagreden.

Von den Arien führe ich folgende Proben an:

Susanne.

Gretchen in dem Flügelkleide
Fühlet schon die gröste Freude,
Wenn sie Hänschen küssen kann:
Und schon denkt sie, wie weit besser,
Wär ich groß und Hänschen grösser;
Je so, würd er gar mein Mann.

Kaum fängt sich ihr Reitz zu heben,
Ihre Brust sich zu beleben
Und ihr Haar zu schwärzen an:
Schnell sucht sie sich auszuschmücken,
Uebet sich in Mien und Blicken
Und was will sie? Einen Mann!

Sie wird krank! Nicht Schmuck und Kleider,
Nicht Fresirer, Goldschmidt, Schneider,
Sind mehr, was sie heilen kann:
Sie verseufzet Tag und Nächte,
Ist denn nichts, was helfen möchte?
O ja wohl! Ein Mann! Ein Mann!

Bar-

Barthel.

Das macht er schlau! Der Narr, er lacht!
O wär ich in der Stadt gebohren!
Wenn man auch da viel Schulden macht,
So wird ein Rechnungsbuch beschworen:
Die Frau lügt, was sie eingebracht,
Und dieses bleibt ihr unverloren:
Man fängt aufs neu zu handeln an,
Daß man aufs neu betrügen kann.

Es ist dieses laut der Vorrede der erste Versuch des berühmten Dichters in dieser Gattung. Seinem bescheidnen Geständniße zufolge erscheint es nur deswegen im Druck, weil es Hiller der Komposition gewürdigt, und es sonst das Schicksal des Teufels haben möchte, daß man sich nemlich selbst den Dialog hinzudichtete. Da es in der Gattung beyder Theile des Teufels ist, so ist es dem zweyten Theile der komischen Opern in der andern Auflage beygefügt worden, um die Theile gleich zu machen.

XII.

Das Gärtnermädchen, eine komische Oper in drey Aufzügen, 1771. S. 176.

Dies war, wie bekannt, die erste Nachahmung von den Operetten des Herrn Weiße, welche bereits 1769. zu Weimar und Leipzig aufgeführt ward, aber weder bey den Zuschauern noch bey den Kunstrichtern ein sonderliches Glück machte. Die Idee ist aus dem Gärtnermädchen von Vincennes der Frau von Villeneuve entlehnt. Daher hat Julchen recht, wenn sie (S. 161.) den Einfall des Grafen romanhaft nennt. Wie alle romanhafte Ideen, so führt auch diese grosse Unwahrscheinlichkeiten mit sich. Wie kann Julchen einem Manne, der sie verführen wollen, der sie unter der Maske eines Gärtners hintergangen, der seinen Kammerdiener eine Intrigue spielen lassen, zuletzt doch glauben, daß er ihr zu Liebe hätte ein Gärtner bleiben wollen? Die Erfindung selbst ist schon in der allgemeinen Bibliothek (Th. VIII. St. 2. S. 292.) abgenutzt genennt worden. Aber der Verfasser hätte diese Erfindung durch die Art, wie er sie benutzt, neu machen können. Dies hatte er ehemals unterlassen, und noch jetzt hat er sich hierinnen nicht gebessert; daher ich fast glaube, daß

der

der Druck ohne seinen Vorbewust geschehen ist. Die Standesentdeckung wird blos erzählt, und der Eindruck, den sie auf Julchen macht, ist so gut, wie gar keiner. Weder Julchens wahre noch vermeinte Eltern kommen auf die Bühne. Erführen die Zuschauer gleich im ersten Acte Jakobs Verkleidung, ohne daß Julchen etwas davon wüste, so könnte das Stück noch einiges Interesse haben. Der Verfasser wird mich hoffentlich nicht aufs Personenverzeichniß verweisen, sonst würde ich ihm antworten, daß dadurch auch das einzige Interesse seines Ausgangs, die Ueberraschung wegfiele. Herr Leßing hat bereits (Dramaturgie S. 377.) ausgeruft: Das armseelige Vergnügen einer Ueberraschung! Für den dritten Act hat sich der Verfasser sehr wenig Handlung aufgespart. Zwölf langweilige leere Auftritte muß man aushalten, ehe der Rival de soi meme in seiner natürlichen Gestalt erscheint. Die Episoden sind grösser, als die eigentliche Handlung, und füllen beynahe das ganze Stück. Die Triebräder derselben sind Martin und Simon, die einzigen Charactere, denn alle übrige Personen, selbst die Mädchen haben nichts Unterscheidendes. Martin trägt bald dem einen bald dem andern Mädchen sein Herz an, aber, nicht weil er Liebe empfindet, sondern aus blosser Misgunst. So einen Character haßt man, aber man kann nicht über ihn lachen. Bey dem Schösser,

ser, nach dem er offenbar gemodelt ist, entsteht die Mißgunst aus Liebe. Wer kann es ertragen, wenn Martin lieber wünschte, er dürfte zwei Weiber nehmen, (S. 32.) damit nur Simon keine bekäme? Seine Art zu lieben ist outrirter, als die vom Schösser, und abgeschmackt. Er droht mit Verklagen und Einsperren, oder hat die Tasche voll Kapaunen (S. 19.) läßt an eine Pastete riechen, und will sie aufdringen. S. 21. singt er:

Süß ist meine Tarte, süß,
Lernt sie nur erst naschen,
Will ich sie erhaschen,
Und das ganz gewiß.
Das sind Liebespfeile,
Auf mein Wort!
Und mit dieser Keule
Da jag ich Nebenbuhler fort.

Ueber die Bornspringerey und ihre Aehnlichkeit mit dem Schaafstall haben schon andre das nöthige angemerkt. Aber sie hätten auch die Verschönerung bemerken sollen, daß Dreschflegel hier die Stelle des Glöckchen vertreten. Das Mädchen, das Martin (S. 171.) geschleppt bringt, und in den Born werfen will, soll vermuthlich nur die Gallerie divertiren.

Mar-

Martin wird von den übrigen Personen geäfft. Ganz gut! Wenn es nur nicht in solchen gedehnten Scenen geschähe, wie die fünfte des ersten Actes ist, und wenn es nicht gar zu oft wiederhohlt würde. Erst thut es Simon, dann die beiden Mädchen, dann wieder Hannchen. Simon ist eine kalte Maschine; er scheint zwar ein bloßer Stutzer zu seyn; da er sich aber doch keiner wircklichen Unbeständigkeit schuldig gemacht, so wird man unwillig, wenn er zuletzt ganz leer ausgeht. Und dies desto mehr, da Hannchen uns durch nichts für sich eingenommen hat. Außer der einzigen Scene, wo sie sich Jacoben anbietet --- welches mir eben nicht sonderlich gefallen — ist sie nur da, sich anbeten zu lassen.

Von der französischen Romanenschreiberinn sagt der Recensent in der allgemeinen Bibliotheck, daß sie doch ihr Sujet so gut zu behandeln wüste, daß es für den Leser anziehend werde. Das wüste ich diesem Verfasser nicht nachzusagen. Vergebens suche ich nach Empfindung, nach Naivität, nach characteristischen Zügen, nach originellen komischen Einfällen, wodurch uns Weißen Operetten so sehr entzücken. Ich finde nichts, als Plaudereien, welche zeigen, daß sich der Verfasser selbst gern hört. Da keine Vorrede voransteht, so kann ich nicht mit Gewißheit sagen, was das Einklammern einiger

Stel-

Stellen bedeuten soll. Allein ich vermuthe, daß sich der Schauspieler genöthigt gesehn, des Verfassers Geschwätz zu beschneiden, und daß die eingeschloßnen Stellen auf dem Theater ausgelassen worden. Der Verfasser jagt dem Witze sehr ängstlich nach, und erwischt auf seiner Jagd nicht immer das wohlschmeckendste Wildpret, z. E. Martin sagt: (S. 33.) Warum ist doch meine Faust nicht eine Klippe, das Narrenschiff sollte bald daran scheitern! Herr Simon witzelt: (S. 38.) Ich fürchte mich weder vor deinem Spitz noch vor deinem Rechen, wenn mir gleich beide die Zähne weisen. Wenn Simon (S. 47.) vom Adonis spricht, so glaubt Hannchen, er redet vom Schösser Tobias. Herr Martin ist so reich an Gleichnissen, wie Hudibras, und (S. 59.) kennt sogar die Bassas der Türken. S. 121. ruft er aus: In ein Ragout hätte ich ihn verwandeln wollen! Herr Simon ist ein gelehrter Kammerdiener, er kennt (S. 91.) den Apollo und seine Orakelsprüche. S. 95. muß sich Hannchen blos deswegen unbestimmt ausdrücken, damit Martin eine elende Tirade anbringen könne. Wenn Simon ausruft: Ah ma chere (S. 152.) so wird ein Wortspielchen mit Scheere und Chere angebracht. Martin sagt (S. 242.) Sein Name widersteht mir, wie ein Rhabarberpulver. Die einigen guten Einfälle sind in der dritten Scene des ersten Acts, wo Martin mit Julchen ein so scharfes Examen anstellt. Un-

Unter den Arien weiß ich keine, die sich durch Empfindung, oder Ausdruck empfähle, aber destomehr schlechtere z. E. S. 37.

Hannchen.

Ein Kuß, welch eine Kleinigkeit,
Und macht doch so viel Herzeleid!
Nein, nein, wer Mädchen Küsse raubt,
Wird mehr gestrafet, als er glaubt.

Einst kam ein junger süßer Herr,
In unser Dorf von ungefehr!
Er sah mich bey den Blumen stehn;
Und sagte mir: ich wäre schön.

Er küßte mich, schnell wie der Blitz.
Den Augenblick kam unser Spitz,
Und biß den guten Herrn ins Bein,
Da fieng er gräßlich an zu schrein.

An seidnem Strumpfe hieng sein Blut,
Ach! da vergieng ihm Lust und Muth!
Drum laß er nur das Küssen seyn;
Sonst beißt ihn unser Spitz ins Bein.

S. 79.

Wer wird sich um ein Mädchen quälen!
Hast du bey einer nur die Wahl?
Die Sterne kannst du leichter zählen,
Als ihre ungemeßne Zahl.
Ach leider, leider, ist es wahr,
Jetzt sind die Freier rar!

S. 104: Martin:

Wenn ich die Liebe fühle,
Gleicht mein Herz einer Mühle:
Da geht es klipp klapp immer fort,
Da hämmerts hier, da klopft es dort!
Seh ich dich nur von weiten,
Klopft mir das Herz vor Freuden:
Klipp, klapp, klipp, klapp.

Hannchen.

Für einen, den ich liebe,
Empfind ich gleiche Triebe!
Wie das Einhörnchen auf dem Ast
Dort hüpfend scherzt, so bin ich fast!
Seh ich ihn nur von weiten,

Hüpft mir das Herz vor Freuden
Hüpf, hüpf, hüpf, hüpf.

Martin.

In meines Herzens Kammer
Da pocht es wie ein Hammer!
Bald zwickt michs hier in Arm und Bein;
Ja, ja, das muß die Liebe seyn!
Seh ich dich nur von weiten,
Pocht mir das Herz vor Freuden:
Poch, poch, poch, poch.

Hannchen.

Ein Hühnchen meiner Treue,
Pickt eben so im Eye,
Wie hier mein frohes Herz sich regt,
Für den, dem es voll Liebe schlägt.
Seh ich ihn nur von weiten,
Schlägt mir das Herz vor Freuden:
Pick, pick, pick, pick.

S. 125: Martin:

Ach ich bin todt, halb todt bin ich,
Mein Mädchen hintergehet mich;

Sind das nicht verfluchte Ränke.
Sie schnurrte mich, nach Katzen Art,
So hübsch, so freundlich um den Bart:
Und droht mir doch die falsche Kralle.
Gift und Galle
Wünsch ich ihr
An Hals dafür!

XIII.

Als dieses schon lange niedergeschrieben war, erhalte ich:

Das Gärtnermädchen, eine komische Oper herausgegeben von dem Verfasser, Weimar bey Hofmann.

Meine obige Vermuthung ist nun Gewißheit. Jener Abdruck war ohne Wissen des Verfassers von einem Kochischen Schauspieler besorgt worden. Er hat in jener ersten Ausgabe nichts wesentliches geändert, damit man das Stück gegen die bisher darüber ergangenen Kritiken halten könne, sondern nur den Dialog hier und da berichtigt und verkürzt. Ich habe daher auch nichts hinzuzusetzen; außer, daß ich auf die Vorrede, die ganz gegen mich gerichtet ist, nicht eher antworten werde, als bis ich mich als Verfasser des Almanachs und Nachrichten-

schrei-

er an...
-fasser des

schreiber in der Klotzischen Bibliotheck werde bekannt haben. Wie ich sehe, so gehört der Verfasser zu denen Leuten, die ihre Censoren lieber gar zu Staatsverbrechern machten.

XIV.

Theutomal, Hermanns und Thusneldens Sohn, ein Trauerspiel in drey Aufzügen von W. J. C. G. C. Cassel, bey Hemmerde, 1771. S. 123.

Eigentliche Kopien der Hermanns Schlacht haben wir, glaube ich, nicht zu befürchten. Heldenschauspiele dieser Art erfodern die Vereinigung fast von allen den grösten dichterischen Talenten, sie haben einen zu grossen Umfang sie heischen viel Zeit, und, wenn man Klopstocken in allem gleich kommen will, auch Gelehrsamkeit. Sie müssen desto ausgearbeiteter seyn, je weniger sich hoffen läßt, daß sie durch die Vorstellung gehoben werden können, da wir wohl schwerlich je eine Bardenbühne für dergleichen Bardiete bekommen möchten. Indessen scheint doch die Hermannsschlacht die Begierde in unsern Schriftstellern erneuert zu haben, uns Nationalschauspiele zu geben. Ob der tragische Dichter aus der deutschen Geschichte keine, als so entfernte Begebenheiten wählen

len dürfe, ob nur Schauspiele aus den Zeiten oder in der Manier der Barden deutsche Schauspiele zu nennen sind, ob nicht, wie in den Bardenliedern, in den Trauerspielen eine Monotonie entstehe, wenn wir alle kleine Theilchen von Hermanns Geschichte bearbeiten, alle diese Fragen will ich hier ununtersucht zu lassen, und mich gleich zu dem Verfasser selbst wenden.

Es ist, laut der Vorrede, eben der, dem man wegen seiner **Thafnhilde** einen Platz unter unsern mittelmäßigen Dichtern angewiesen hat. Im **Parterr** hatte ich kein einziges deutsches Trauerspiel anzuzeigen, und unter den Schauspielen von einem ganzen Jahre finde ich jetzt nur den Theutomal. Könnten wir nicht noch neue Meisterstücke von dem Verfasser von Romeo und Julie hoffen, könnten wir nicht hoffen, daß vielleicht der Verfasser des dankbaren Sohnes auch die tragische Bühne betreten werde, so möchte es scheinen, als wenn Deutschlands Melpomene ganz entschlummern wollte.

Der Verfasser erbittet sich Nachsicht, weil es dem Orte seines Aufenhalts an einer Schaubühne fehle. Er verdient sie nicht blos in dieser Rücksicht, sondern auch vornemlich deswegen, weil er den Werth der Kritick kennt, und sich gegen die vortrefliche Beurtheilung seiner

ner Thasnhilde in der allgemeinen Bibliotheck dankbar bezeigt.

Der Innhalt seines Trauerspiels ist der von seinem Sohne gerächte Vater, Hermann gerächt durch den Thumelikus. Thumelikus ist des Wohllautes wegen in Theutomal verwandelt worden. Die Geschichte hat uns von dieser Rache sehr wenig aufbehalten, das meiste muste hier die Fiction hinzusetzen. Inguiomar wird hier, wie in Kretschmanns Gesange, für den vornehmsten Mörder des Hermann angenommen. Der Adgandester (ich weiß nicht, warum ihn der Verfasser mit der lateinischen Endung Adgandestrius nennt) wird hier nur im Vorbeigehn erwähnt. Der Verfasser hat sich mehr an Schlegels, als an Klopstocks Mythologie gehalten, weil die letztere zu gelehrte Zuschauer voraussetzt. Hingegen hat er, gleich Klopstock zuweilen das angebracht, was die Franzosen Spectakel nennen, und das Kostume richtig zu beobachten gesucht. Chöre kommen hier nicht vor; weil der Verfasser sein Stück zur Aufführung schreiben wollte.

Ich kritisire nicht gern Titel; aber, was ich über den Titel des Verfassers sagen werde, kann Einwendungen vorbeugen, die man vielleicht gegen sein Stück machen möchte. So wie Klopstock sein Stück nicht Hermann, sondern Hermanns Schlacht genennt, so wünschte ich,

daß

daß dieses Trauerspiel nicht Theutomal, sondern der gerächte Hermann hieße. Die Ueberschrift: Theutomal läßt ein Charaktertrauerspiel nach Art der Franzosen vermuthen, wo der Hauptcharakter alle übrige verdunkelt, und dies soll es, nach des Verfassers Absicht nicht seyn. Die Intrigue ist hier die Hauptsache, und Theutomal nur ein Werkzeug. Sollte das Stück nach dem interessantesten Charakter benennt werden, so müste es Inguiomar heißen.

Klopstock wollte in seinem Bardiet nicht allein Hermanns Größe, sondern auch die Größe unsrer ganzen Nation zeigen. Herrn C. Absicht war unstreitig, darzuthun, wie begierig die alten Deutschen gewesen, ihre Vorfahren zu rächen, Verrath zu bestrafen, und die Kabalen der Römer zu zernichten. Die Rache war den Alten eine gottesdienstliche Pflicht gegen die Vorfahren; diese Heiligkeit der Rache scheint mir Herr C. zu wenig benutzt zu haben. Die Glut der Rache, die Heftigkeit dieser Leidenschaft vermisse ich hier. Theutomal soll kein Zanga seyn, aber ich wünschte ihm doch mehr Feuereifer.

Er erscheint durchgehends zu sehr als Redner, und überläßt es andern, für sich thätig zu seyn. Denke ich mir ihn, als den Abglanz von Hermann und Thusnelden, so finde ich ihn unter meiner Erwartung. Was hat er wohl für Katumer für Vorzüge? Selbst den Umstand hat der Verfasser nicht benutzt, daß Theutomal unter den Römern erzogen worden, und folglich kultivirter sprechen sollte, als Katumer. Aber dies ist durchgehends Herrn C. Fehler, daß bey ihm eine Person wie die andre spricht, daß man sehr allgemeine Charakter herausbringen würde, wenn man sie aus den Reden seiner Personen sammelte. Er hat nirgends gegen den Charakter unser Vorfahren verstoßen, aber wo sind die unterscheidenden Züge, womit sie uns ein Klopstock gezeichnet hat? Theutomal ist ein edeldenkender Jüngling, aber man setze für Theutomal Ninyas, und es wird, die Anspielungen auf die Scene des Stücks ausgenommen, alles stehen bleiben können. Wenn der Opferknabe in der Hermannsschlacht schon so eine ungestüme Tapferkeit zeigt, so sollte man im Theutomal einen Philotas, einen Kallikrates erwarten. Aber beide deutsche Jünglinge sind, wie sie der Verfasser schildert, Jünglinge, wie es noch alle Tage geben kann.

Inguiomar ist der beste Charakter des Stücks, seine Reue über den begangnen Mord, und seine Furcht für der Strafe machen ihn anziehend. Vielleicht würde er noch mehr Wirkung thun, wenn seine Reden den Sturm hätten, den ihnen Kretschmann beilegt. Ein Franzose würde den Inguiomar zu veredeln geglaubt haben, wenn er sich mit einem bravirenden Ich endlich selbst als Mörder angegeben hätte. Aber der Natur ist es allerdings gemässer, daß ihn Stolz und Schaam gleich mächtig abhalten, dies Geständniß nicht eher zu thun, als bis er schon durch den Makrin entdeckt ist.

Arglist und Feigheit blickt wohl aus Makrins Handlungen hervor, aber wie viel verlieren seine Reden gegen die Reden der Römer in der Hermannsschlacht!

Die Freundschaft zwischen Inguiomars Sohne und Theutomal, und Inguiomars Kampf mit sich selbst sind die beiden Hauptsituationen des Stücks. Es ist dem Verfasser rühmlich, sich der grösten Simplicität befleisigt, alle Episoden vermieden zu haben. Da aber bey einer solchen Simplicität die immer wiederkommenden Situationen stets von neuen Seiten gezeigt werden müssen, so gehört dazu die schwere Kunst der dramatischen Malerey, die nur ein Klopstock in ihrer Vollkommenheit besitzt. Unter denen Scenen, die der Verfasser aus seinen Hauptsituationen gezogen, haben mir die am besten gefallen, wo Theutomal dem Inguiomar so viel Freundschaft bezeugt, ohne ihn zu kennen, wo Inguiomar seinen Sohn zum Werkzeuge des Mords machen soll, Inguiomars Angst, (S. 58.] und endlich Katumer

ge des
ngst, (S.

zwischen den Pflichten der Freundschaft und der kindlichen Liebe. Auch dieses Trauerspiel bestätigt es daher aufs neue, daß der Verfasser Situationen anzulegen verstehe.

Mit der Sprache des Verfassers bin ich am wenigsten zufrieden. Sie ist zwar keine schwülstige poetische Prosa, aber doch immer poetische Prosa. Ich habe eine Menge versteckte Metra, und daher oft unnatürliche Inversionen gefunden. Die Sprache der Natur, der Ausdruck des Affects, die Wahrheit und Innigkeit des Sentiments gehen ihm ab. Hingegen wird man die gewöhnlichen poetisch prosaischen Formeln, Tiraden, und eine Menge Monologen finden. Einen neuen oder besonders schönen Gedanken wüßte ich aus diesem Trauerspiele nicht auszuzeichnen. Wie sehr steht der Schwur S. 11. dem nach, womit sich Hermannsschlacht schließt! S. 32. wird dem Zuschauer noch einmal erzählt, was er schon weiß. Wenn Matrin S. 44. ausruft: So sey nicht ein Römer, sey ein Fürst, ein Greis, ein Vater, so ist dies wider seine Absicht, und wider seinen Charakter. Er will den Ingujomar überreden, und erinnert ihn selbst an die Bewegungsgründe, die ihn zurückhalten. Und wie kann der Verfasser einen Römer sagen lassen, daß der Römer nichts von den Pflichten eines Fürsten, eines Vaters wüßte? Der Periode

S. 13.

S. 13., der sich anfängt: Ja, Stolz ist ganz undialogisch. Wer spricht wohl so wie S. 35. Ach, dieses Herz beschwöret dich, und meiner Freunde dir klopfendes! Das Schwerdt an die Gurgel setzen S. 59.) scheint mir unedel. **Wettern** (S. 71.) wird nur im komischen Dialog gebraucht. Am unschicklichsten für den Dialog sind die verbrauchten Wendungen der poetischen Prosa: Er ward Ehrerbietung, ganz Schmerz u. s. f. Welcher Mensch wird so reden: (S. 75.) Inguiomar: du siehst der Väter unglücklichsten, der Deutschen scheustlichsten, den Vater, den kein Sohn gesehn, belasteter mit Fluche nicht gesehn.

XV.

Gräfinn Freyenhof, oder Vater und Tochter in Gefahr, ein Lustspiel in fünf Aufzügen von Stephanie dem Jüngeren, Wien 1771. S. 116.

Ich weiß nicht, wie ein Kunstrichter Herrn Stephanie beschuldigen können, daß er in diesem Drama sehr viel aus dem **Minister** entlehnt habe, da er doch den Roman von Saurin, welchem er Schritt vor Schritt gefolgt ist, selbst angezeigt hat. In beiden Schauspielen kommt ein verdienter Staatsmann vor, dessen

dessen Rechtschaffenheit mit Verfolgungen belohnt wird, der ein Opfer von Bösewichtern zu werden scheint, aber am Ende doch triumphirt. Obgleich aber die Histoire de Sophie Franccourt nur zu denen mittelmäsigen Romanen gehört, so hat sie doch Herrn Stephanie einen Plan an die Hand gegeben, da der Minister, mehr aus Gemälden, als Situationen besteht. Kabalen des Eigennutzes, Zwang gegen einen jungen Menschen und gegen ein Mädchen, sie gegen ihre Neigung und gegen ihr Alter zu verheirathen, ein Liebhaber, der, ohne sein Wissen, an dem Untergange von dem Vater seiner Geliebten arbeitet, das unterdrückte Verdienst, Geliebte und Liebhaber in einem Hause, ohne es zu wissen, eine dreifache Erkennung, eine Tochter, die, unwissend, die Supplick um die Verhaftnehmung ihres Vaters unterschreibt --- dies sind ungefehr die vornehmsten Situationen, welche Saurin Herrn Stephanie vorgezeichnet hat. Er hat nichts von dem Seinigen hinzugethan, als die Ermordung des Bösewichts, welcher das Triebrad aller Maschinen ist; vielleicht, weil das Auditorium, für das er schrieb, der alten hergebrachten poetischen Gerechtigkeit noch sehr zugethan ist. Wir finden hier keine Sittengemählde, die Herr Stephanie sonst liebt, sondern blos den in Acte und Scenen abgetheilten Roman. Der Graf Fuck ist ein gar zu arger Bösewicht. Wer

ent

entsetzt sich nicht vor den Mitteln, die er anwendet, Sophiens Hand zu erlangen? Heucheley, Arglist, Unmenschlichkeit, kaltblütige Tyranney, Ungerechtigkeit, Neid, Habsucht — die schwärzesten Laster vereinigen sich in ihm. Er spottet aller guten Handlungen, aller Empfindungen von Tugend. Er misbraucht seinen Neffen, den er seiner Geliebten berauben will, er unterstützt ihn nicht nur nicht, sondern plündert ihn auch, er unterschlägt das Geld, womit ihn andre unterstützen wollen, er giebt seiner Geliebten ihres Vaters Untergang zum Brautschatz u. s. w. Herr Stephanie scheint mir in seinen Charakter nicht die biegsame Verstellung gelegt zu haben, die ich in folgender Zeichnung von Saurin finde: "Von Natur war sein Charakter rauh; aber ein langer "Umgang hatte ihm die Kunst sich nach den "Umständen zu richten gelehrt. Er nahm bey "Leuten, welche von ihm abhiengen, alles aufs "genaueste; er begegnete dem, dessen Hülfe er "nöthig hatte, sehr demüthig. Er wuste dem "geringsten Dienst, den er jemanden erwies, "einen unendlichen Werth beizulegen, und er"wartete dafür eine besondre Erkenntlichkeit; "grob gegen die, welche geringer waren, als er, "falsch, tückisch, eigennützig bis zum Geitz, "und gleichwohl bey öffentlichen Gelegenhei"ten stolz." Nächst ihm nimmt sich die alte verliebte Baronesinn am meisten aus. Die erste und die sechste Scene des ersten Acts sind durch sie die unterhaltendsten des ganzen Stücks geworden. Im Roman beweist sie mehr Eifersucht, und bekehrt sich nicht so schnell. Saurin sagt auch noch von ihr, daß sie ihre Hunde, ihren Arzt, und ihren Koch über alles geliebt habe. Der Graf Freienhof, Sophie, und der Baron Alden sind ziemlich kalte Charaktere, der episodische Clemard würde rührender seyn, wenn er mehr die Sprache des alten Kriegers führte, wenn seine Reden so characteristisch wären, als die von Stornfels. Der Herzog d' Alban könnte seine Geschäfte wohl hinter der Bühne verrichten. Unter den Nebenpersonen hat Frau Margarethe, eine Verwandtinn der Frau Wandeln, einige unterscheidende Züge, nemlich Affenliebe und Aberglauben. Allerdings ist es Herrn Stephanie nicht zu verdenken, daß er in der Erzählung S. 71. aus einer Schauspielerinn die Schwester eines Untergebenen gemacht. Beinahe der ganze Dialog gehört dem Franzosen, er hat einige gute Stellen, wie man es vom Dialog eines Franzosen nicht anders erwarten kann. Aber, da der Dialog, welchen man einstreut, eine Erzählung zu beleben, noch nicht alle Tugenden des dramatischen Dialogs hat, so fehlt diesem Schauspiele oft das gehörige Leben. Wenigstens wünschte ich, daß Herr Stephanie nicht der oft undeutschen und schleppenden Uebersetzung

des

des Rector Scheuber (Nürnberg 1768.) gefolgt wäre. Aus den wenigen Stellen, die dem deutschen Autor gehören, bemerke ich nur folgende Ausdrücke, die ich nicht billigen kann: das Geld ist verworfen für weggeworfen S. 11. Schreien sie nicht ihm, statt schmählen. S. 12. Gegen mir für mich. S. 36. Man sagt wohl, sich einer Sache unterziehen, aber nicht einem Charakter. S. 38. Einerley Aussehn haben. S. 63. Ich werde mir nie solche Ketten erkaufen, und wenn sie auch von Diamanten wären. S. 74. Freilich ist dies sehr im Ton des Saurin, aber dergleichen Floskeln hätten weder von ihm erborgt noch nachgeahmt werden sollen. Elender Wurm. S. 78 Ein ganzes durcheinander für ein rechter Mischmasch. S. 81.

XVI.

Ueber die Döbbelinische Gesellschaft und deren Vorfechter.

Vorerinnerung.

Je mehr mich die pöbelhaften Gegner des Parterrs selbst herausgefodert haben, desto weniger habe ich selbst antworten mögen. Derjenige, der sie vornehmlich gereitzet, mag ihnen das Gebiß anlegen. Ich aber stehe blos deswegen nicht an, seinen Brief bekannt zu

ma-

machen, daß sie ein veráchtliches Stillschweigen, welches sie wohl verdient hätten, nicht für Furcht auslegen. Mögen sie doch künftig, Herrn Döbbelin und allen schaalen Köpfen von Leipzig zum süssen Geruch, in gleichem Tone zu lästern, fortfahren; ich werde, unbekümmert um sie, meinen Weg fortgehn, ohne auch nur zu stolpern. Da ich in der Ostermesse 1771. den Deserteur, den Krispus, und die Liebe auf dem Lande von Döbbelinen selbst aufführen sehen, so habe ich desto weniger Ursache, etwas von dem zurückzunehmen, was mein Mitarbeiter über diese Truppe gesagt hat.

Brief.

So haben Sie also, mein Freund, mein erstes Schreiben über Döbbelins Häuflein unverändert abdrucken lassen? Es hat Rumor gemacht, dieses Schreiben; das war mir ganz lieb. Aber es hat Ihnen Feinde zugezogen, dies betrübt mich. Ihr Gesumse ist unangenehm. Indessen verräth eben dies, daß die Frucht, mit Young zu reden, nicht ganz schlecht sey. Die Haut läuft von ihrem Stachel ein wenig auf, aber sie müssen doch den Stachel zurücklassen und sterben. Lassen Sie uns hinführo Herrn Döbbelin in den Weichrauchswolken seiner Vergötterer ruhig herumtaumeln! Wir hätten gleich anfangs seine Mannschaft nicht neben eine Wiener, Kochische,

sche, Eckhofische, Schröderische Bühne stellen, sondern sie als die erste der kleinern herumirrenden Heerden mit Stillschweigen übergehen sollen. Wir wollen ja nur den Ruhm ächter Künstler predigen! --- Sonst dangen sich die Principale nur feile Hände, die ihnen Beyfall zuklatschten, jetzt, nachdem die alles umspannende Kritik auch sie erwischt, nehmen sie Schaaren von Schrifterlingen in Sold, die durch ihre Posaunen die Richter verscheuchen sollen, wie die läutenden Glocken den drohenden Wolkenbruch. Nur schade, daß diese Posaunen so dumpf oder so unangenehm klingen, daß man sie nicht hören kann oder mag.

Nicht blos Döbbelin, sondern auch jeder seiner Spieler hat einen Ritter gefunden, der nur ihn aus der Schlacht entrücken möchte, und gern die Mitstreiter dem feindlichen Schwerdte Preiß giebt. Aber man darf nur die Nebel, womit sie ihre Helden umhüllen, ein wenig beleuchten, so fliehen sie, und wimmern. Im Abzuge heben sie freilich alles auf, was sie auf dem Wege finden, und werfen damit um sich. Besonders haben ein Leipziger Student und der Uebersetzer des Landhauses ihren Gift gegen Sie gespien. Die Leipziger Zeitung nennt zwar einen Herrn von Hagen als Verfasser der Lögen, aber, vermuthlich nur, um den wahren Verfasser zu decken. Alles verräth

räth einen Leipziger Studenten, und die Anzeige des Landhauses S. 68. den Uebersetzer desselben. Wer sonst, als er würde wohl bemerkt haben, daß die Schauspieler, während einer Pantomine von des Uebersetzers unwitziger Erfindung, in den Koulissen geflucht? Doch selbst die Namen dieser Herrn verdienen nicht preis gegeben zu werden, so sehr uns das Wiedervergeltungsrecht vergönnt wäre. Sie nennen Personen als Mitarbeiter, die nie den mindesten Antheil gehabt; dazu lachen unsre Freunde. Wenn sie aber die verehrungswürdigsten Personen mit ins Spiel ziehen, die ich nur im Vorbeigehen genannt, welcher Rechtschaffne kann dann noch gleichgültig bleiben? Die armseligen Persönlichkeiten, mit denen man Sie zu kränken sucht, verrathen nur eine böse Sache destomehr; und sie würden dies elende Mittel der Rache nicht erwählt haben, wenn sie Ihre ganze Gleichgültigkeit kennten. Wer nicht Verstand genug hat, unsre Schriften anzugreifen, der verleumdet unsre Person, sagt Voltaire. Sich mit solchen Leuten einlassen, hieße sich in ihrem Kothe herumwälzen. Sie müssen sie entweder von der bürgerlichen Obrigkeit der Bescheidenheit belehren lassen, oder ihnen ihre Selbstzufriedenheit gönnen. Das Lustige sind ihre Drohungen, künftig noch gröber zu seyn, da sie jetzt schon wie Karrenschieber reden. Den Verfasser der Logen könnten

Sie immer zu Ihrem Kammerdiener annehmen, da es ihn so beleidigt, wenn Ihre Halsbinde nicht schließt. Er würde sich wenigstens dazu besser schicken, als zum Gelehrten. In der Litteratur ist er so unwissend, daß der den Komödiant von Löwen für etwas ganz Neues hält, der bey Gelegenheit eines Magdeburger Krieges über die Sittlichkeit der Schaubühne erschienen seyn soll. Ja er läßt diese Erzählung noch einmal abdrucken. Ein Gelehrter mag er auf alle Fälle nicht seyn, denn er klagt ja die Gelehrten S. 22. an, daß sie immer das **Simpelste und Natürlichste** übersähen.

Auch die **Zeitungen** haben sich in diese Händel gemischt. Je nun es ist ein schnurriges Ding um unsre Zeitungen! Der Verfasser der **Beiträge zum Parterr** hat in eine elende Kompilation aus unsern Dichtern eine Brut seines eignen Gehirns aufgenommen, und die Frechheit gehabt, ihr Rabners Namen anzuheften. Dennoch erkennt eine Zeitung den ächten Geist Rabeners darinn. Publikum, das sind deine Wegweiser! Eine andre Zeitung verdammt, wie billig, die **Dardanellen** desselben Verfassers zum Feuer, und sagt, seine Prose sey, wo möglich, noch elender, als seine Verse. Und dennach soll sein Beitrag, der, deucht mich, in Prosa geschrieben ist, aufgehoben werden? Solche Ungereimtheiten auf Unge-

reimtrelmtheiten erlauben sich diese Herrn. Joseph Lehmann krübelte es, wenn ihn Lovelace, indem er ihm einen Schelmstreich auftrug, so oft einen ehrlichen Kerl nannte. Was sollten wohl die Herrn bey dem Worte **Unpartheilichkeit** fühlen, das sie so oft misbrauchen? Wenn Sie, mein Herr, keine musikalische Komposition beurtheilen können, können es deshalb nicht andre? Vielleicht haben Sie es schon durch des seel. Löwen Beyspiel deutlich genug erläutert, daß nicht alles, was Sie herausgeben, für Ihre Arbeit zu achten sey.

Widerlegt hat man keine Zeile von mir. Die Irrungen, welche bey Austheilung der Rollen in einigen der Stücke vorgefallen seyn sollen, die zuletzt im Rummel angezeigt worden, sind theils nur vorgeblich, theils wird man in der Folge zeigen, daß die Rollen bey der Döbbelinischen Gesellschaft stets aus einer Hand in die andre gehen. Wer wollte diese alle anzeigen? Wenn meine Gegner mich nicht verstanden haben, so kann ich nicht für ihren Verstand. Indessen, nachdem sie sich genug gemartert, mich zu widerlegen, und nun anfangen, ihre eigne Weisheit auszukramen, wissen sie mich sehr schlau zu nützen. Sie sagen kein Wort, das sie nicht von mir gelernt hätten, und so haben sie mich mehr stolz als demüthig gemacht. So sehr sie im Widerspruch mit sich selbst sind, so sehr sind sie es auch untereinander. Dem einen kann kein Stück gefallen, wo eine Stunzius eine Rolle spielt; dem andern ist sie eine reitzende Actrize, und er zieht sie einer Starkinn vor. Dieser will nur Klosen gelobt wissen, und unterschreibt alles Böse, was man von Döbbelin sagen kann; jener will man soll vom Döbbelin wie vom Zevs anfangen. Einige geben zu, daß die komische Oper auf diesem Theater schlecht besetzt sey, wieder andre ziehen die Döbbelininn unsrer Steinbrecherinn vor, und können sich nicht genug verwundern, wie Herr Weiße diese unsre Favart habe nennen können. Mögen sie sich doch unter einander aufreiben! Nur dem Logenautor muß ich ins Ohr raunen, daß es dem Parterr allein zustehe, über die Schauspieler das Urtheil zu sprechen. Weiß er nicht, wie bald es die Logen zum Stillschweigen bringen kann? Und der Herr macht in Rücksicht auf sich wahrhaftig keine Ausnahme. Aus den Logen sieht man freilich alles schief, alles von der Seite. Auf dem Parterr mag der Verfasser wohl nicht oft gewesen, desto fleißiger aber aus den Logen aufs Theater gerannt seyn. Er weiß sogar, welche Schauspieler gelehrig sind, welche mit dem Principal gut stehen, und welche nicht. Wo habe ich mich je um dergleichen Anecdoten bekümmert? Wo habe ich je mehr zu wissen verrathen, als was ich vom Parterr beobachten konn-

konnte? Ich habe einigemal Döbbelins Hochmuth angeführt, aber die Beweise entlehnte ich aus seinen Prologen und Anschlägen, nicht aus seinem häuslichen Leben. Hingegen kann ich dem Verfasser mit Nachrichten aus der Geschichte des deutschen Theaters dienen. Döbbelin hat ihn sehr unrecht berichtet, daß er das regelmäsige Theater bey Schuch erst eingeführt habe. Kirchhof, Eckhof, Brückner, Stephanie, Madam Hensel, Madam Brückner, zweimal, (das erstemal als Madam Klotzsch) sind lange vor ihm zu verschiedenen Zeiten bey Schuch gewesen. Alle diese waren nur für memorirte Schauspiele engagirt. Selbst Märchner war ein eben so guter Acteur als Döbbelin. Wie soll also Döbbelin den Geschmack zu Berlin gegründet haben? Wie er der erste deutsche Acteur gewesen seyn, den man daselbst gesehn? Welch unausstehlicher Hochmuth, vorzugeben, er habe so viel einsichtsvolle Männer, deren keine Stadt Deutschlandes eine so grosse Anzahl hat, erst gebildet! Der Spott über die Pariser Uhren auf dem Schuchischen Theater will nicht passen. Damals war es nicht anstößig. Spielte doch die Neuberinn die Zaire im Fischbeinrock! Wie lange ist es, daß auf dem Pariser Theater die tragischen Helden gegeneinander und gegen das Frauenzimmer noch den Helm abnahmen, den sie nur aufsetzten, wenn sie mit den Vertrauten sprachen?

 Der

Der Ausfall auf Bergern ist gleich abgeschmackt. Berger ist in seinem Fache ein besserer Schauspieler, als Döbbelin. Herr Rosenberg ist meines Wissens kein Schüler von Bibiena sondern von Fechhelm. Sein Lob ist sehr übertrieben. Man will mich einer Niederträchtigkeit zeihen, daß ich aus dem Schreiben des Herrn von Jung nur die Stellen angeführt, die in meinen Kram dienten. Ich wollte ja nur beweisen, daß die Hallische Zeitung Unrecht gehabt, es für eine unbedingte Lobschrift auf Döbbelinen auszugeben. Wie konnte mir einfallen, sie zu unterdrücken, da sie in jedermanns Händen ist, da sie so viel Zeitungen und Journale angezeigt haben? Das ist aber Niederträchtigkeit, wenn der Verfasser aus kaßirten Bogen etwas gegen Sie erweisen will. Was nicht öffentlich verkauft wird, existirt nicht. Woher weiß er aber, daß Sie diese Bogen geschrieben? Herr Klotz wird zum Zeugen aufgefodert. Schade, daß er todt ist! Und was stehen dann für Abscheulichkeiten darinnen? Es sind einige Stellen abgedruckt, vermuthlich die, weswegen sie der Verfässer kaßiren lassen. Aber was ist darinnen erschreckliches? Sie machen ihrem Urheber weniger Schande, als die Logen dem ihrigen. Aber, wie gesagt, sie mögen enthalten, was sie wollen, es läßt sich aus ihnen nichts beweisen! S. 58. will der Verfasser mein Urtheil vom Döbbelinischen Richard widerlegen. Man sehe nur!

nur! Ich wollte blos erinnern, daß, wenn Döbbelin die Absicht hat, die Rolle zu parodiren, er freilich besser thäte, ins Soufleurloch als in die Kulisse zu horchen. Sonst ist es nicht nöhig, und kein verständiger Schauspieler thut es. Der Geist steht ja Richarden im Gesichte. Döbbelin muß aber glauben, er stehe hinter der Thüre, und könne nicht hinein. Nun hat er sich nicht viel um ihn zu bekümmern. Wenigstens sollte er dahin mit dem gezückten Degen laufen. — Mit den Worten: **Weg, schreckliches Gesicht**, soll der Schauder nicht vorüber seyn. Zeigen sie nicht an, daß sich Richard wieder erhohle? Doch wer wollte mit dem Verfasser ins Einzele gehen? Welche Reihe von falschen Gesten könnte ich zur Bestätigung anführen! Nur ein Beyspiel! Wenn Döbbelin sagt: **Dieser Arm**, so streckt er den rechten gerade aus, und zeigt mit der linken Hand auf ihn.

Wenn unser Mann auch eine Bemerkung macht, oder gehört hat, so kann er sich nicht ausdrücken. "Lambrecht sagt er S. 78. hat "die vortrefliche und nöthige Gabe eines Schau"spielers, auf der Bühne in einer steten un"vermuthenden Erwartung zu seyn. Diese "Erwartung besteht aber bey ihm zu oft in ei"ner gewißen, obwohl natürlichen steifen "Stellung, die zwar gut, aber bey weitem nicht

„die einige ist, sich die Antwort und Handlung „andrer durch Neubegierde oder einen andern „Affect unvermuther scheinen zu lassen: im „Gegentheil ist die Natur sehr reich an solchen „angenehmen abwechselnden Stellungen und „Geberden, die hierzu erfoderlich sind“. Versteht das wohl einer, der Lambrecht nicht gesehn? Die Sache ist die. Lambrecht ist in wenig Rollen gehörig entrirt. Daher sagt er oft sein Pensum her, und gafft dann seinen Mitspieler an, bis er ausgeredet, und er wieder an die Reihe kömmt. Er lauscht auf des andern Rede, wie einer, der schwer hört, um aus seinen Gesichtszügen die halbverstandne Rede zu ergänzen.

Von den Regeln für die Zuschauer sage ich nichts. Was sollen die? Das Schauspiel ist ein Vergnügen für alle Stände. Die einzige Regel, die hier statt findet, ist, daß die Zuschauer keinen Unfug anfangen. Dafür sorge die Obrigkeit. Der Schriftsteller kann nichts thun, als suchen, ihnen Geschmack beyzubringen. Dies bewirkt er am besten, wenn er zeigt, was schätzbar, was mittelmäßig sey, und vorzüglich gegen das letzte einen Abscheu einflößt. So überlasse ich es auch Ihnen, den Magdeburger Predigerstreit zu untersuchen. Die Schriftgen, die bey der Gelegenheit erschienen seyn sollen, mögen sämtlich elend seyn; sie sind ja niemanden zu Gesichte gekommen.

Meine Nachrichten selbst kann ich nicht besser, als mit einer Stelle aus der Erfurter Zeitung anfangen, aus der ich nur das Beleidigende für Sachsen wegwünschte. "Durch den allgemei„nen Beifall des Berliner Publikums gereitzt, „hat Herr Koch beschlossen, den Winter da„selbst zu bleiben. Nachdem Brandenburg „schon schon längst mit Sachsen in Gelehr„samkeit und Dichtkunst gewetteifert, nach„dem Sachsens Handlung und Reichthümer zu „seinen Nebenbuhlern übergangen zu seyn schei„nen, so fehlte nur noch die einzige schöne „Kunst, die dramatische, um Preußen im „Frieden, wie im Kriege, völligüberlegen zu ma„chen. Auch diese scheint nun aus Leipzig nach „Berlin, wie ehedem aus Griechenland nach „Rom, zu wandern. Wenn die große Armee „eine Provinz verläßt, so wird sie insgemein „eine Beute der streifenden Partheien". Uns geht nur die an, die das Hauptlager bezogen, die Döbbelinische. Wer hätte wohl je geglaubt, ruf ich mit jener Zeitung aus, daß Leipzig mit Berlin einen solchen Tausch treffen würde! Mit Döbbelins Truppe selbst waren wenig Veränderungen vorgegangen. Herr Heimpel hat sich in der Zeit, da ich ihn nicht gesehn hatte, sehr gebessert, nur die Monotonie in Stimme und Action abzulegen, scheint über seine Kräfte zu seyn. Auch Herr Schulz hat starke Progressen gemacht. Herr Herr Klos ist für die komische

Ope-

Operette für diese Gesellschaft ein sehr nöthiges Subject. Madam **Merschy** hatte sich von ihrem Manne getrennet, und brillirte bey einer Bande vor dem Thore. Man vermißte sie nur im Ballet; denn in der komischen Oper, wo man sie hätte brauchen können, war sie nicht gebraucht worden. Da die Ballete bey Döbbelin aber überhaupt schlecht sind, und selbst die Thorkomödianten beßre gaben, so wartete sie ohnedies kein Mensch von Geschmack ab. Ihre Parthieen hat meistens Dem. Endemann bekommen, die Delie in den drey Sultaninnen ausgenommen, die nun Dem. Stunzius recht artig spielt. Für die Mütterrollen hat Döbbelin eine Madam **Hohl** von Strasburg engagirt, die zu Magdeburg mit der Marwood und hier mit der Elisabeth im Essex debutirte. Beide Rollen spielt sie erbärmlich. Eine hölzerne Action, eine weiche Stimme, nicht die geringste Kenntniß von Deklamation, dies sind ihre Mängel. Hingegen kömmt ihr ihre Figur zu statten; und in den komischen Müttern ist sie, zumal gegen Madam Engelmeyer gerechnet, sehr leidlich. Bey weitem aber ersetzt sie nicht den Abgang der Madam Schmelz, die zwar nicht mit dem Feuer einer Brücknerinn agirt, der man aber eine richtige Deklamation gewiß nicht absprechen kann. Auch mit einem neuen Schauspieler Namens **Murr** hat Döbbelin seine Truppe bereichert. Er soll sonst bey Ackermannen und Seilern gewesen

wesen seyn. Man hat nie etwas von ihm gehört, und ich denke, man wird auch künftig nichts von ihm hören.

Das Kochische Theater ward von dieser Gesellschaft den 6ten Octobr. mit der Ericie eingeweiht. Daß die Schauspieler nicht immer die besten, sondern oft nur solche Stücke ergreifen, in denen sie sich zu ihrem Vortheile zeigen können, wer wollte ihnen das verdenken? Warum hatte man aber dies Stück gewählt, da es nicht gut besetzt werden konnte, an und für sich schwach ist, und bey uns gar keine Wirkung thut? Nur mit Herrn **Lambrecht** söhnte ich mich einigermaßen für seinen kalten Krispus und Romeo aus. Wie kömmts, daß er nur in diesem Trauerspiele mit Wärme spielet und gut deklamirt? Fabius ist seine schönste Rolle. Aber wer Eckhofen den Aurelius und Madam Hensel die Ericie hat spielen sehen, dem kann **Engelmeyer** und die **Döbbelininn** gewiß nicht gefallen; jeder aber wird die letztere schlecht finden. Selbst Madam **Schulz** als Oberpriesterinn war nicht an ihrer Stelle. Je öfter ich Dem. **Döbbelin** hier als Emilie sehe, desto mehr bestätigt sich mein ehmaligs Urtheil von ihr. Sie kann freilich nichts dafür, daß sie mit der Zunge anstößt, aber sie sollte nur nicht auf dem Theater erscheinen. Die Anrede übergehe ich. Herrn Döbbelin, den Reimreich kennen meine Leser schon zur Gnüge.

Noch

Noch weniger gefiel die Gesellschaft den folgenden Abend in der **Eifersüchtigen** des Colman, da man sie hier mit der Kochischen vergleichen konnte. Das Stück nimmt sich, von dieser Gesellschaft vorgestellt, gar nicht aus, so gern man es sonst aufführen sah. Alle metamorphosirten die Engländer in Deutsche. **Lambrecht** Lord! — Himmel eine solche Rolle einem Brückner nachzuspielen! Und Madam **Döbbelin** die Eifersüchtige der Madam Koch! Herr **Klinge** war Oakley. Er hätte sich besser auf die Kanzel als aufs Theater geschickt. Herr **Hempel** als Karl war leidlich, ausgenommen in der betrunkenen Scene. Hier bestand sein ganzes Spiel darinnen, den Finger an die Nase zu legen, und mit den Füssen zu kretzscheln. Hätte Herr **Schulz** einen deutschen Bürger von gleichem Character mit dem Rußet zu spielen gehabt, so könnte man ihn loben. Auf keine Weise aber Herrn **Klos** als Sir Harry. Er sehe hier Herrn Henke! Dem. **Stunzius** war Henriette. Es ist Schade, daß sie keine vortheilhaftere Figur fürs Theater hat; sie ist nicht ohne Empfindung, und spricht richtiger, als ihre Rivalinnen, Dem. Döbbelin oder Endemann. Hier hatte sie freilich mit einer Starkin zu kämpfen; da muste sie verlieren. Nur Madam **Schulz** als Lady Freelove und **Engelmeyer** als Major Oakley wetteiferten einigermaßen mit Madam Brückner und Herrn Schuberth.

berth. Die letztere Rolle muß man aber Ackermannen haben spielen sehn.

Döbbelin führt zwey Stücke aus denen neuen Theatralischen Beiträgen auf: Die **Emilie** und die **verstorbne Ehefrau**. Das erste Stück soll in Magdeburg grossen Beyfall gefunden haben. Daher Herr Döbbelin es sogar auf dem Zettel rühmt, und ein Kunstrichter es blos deswegen für schön ausgiebt. Beide werden mir erlauben, andrer Meinung zu seyn, ob ich gleich, wenn es auf den Anschlagzettel ankäme, so nach keinen Anspruch auf ein fühlendes Herz machen kann. Außer Madam **Schulz**, und Herrn **Hempel**, kann ich unter den Spielern keinem meinen herzlichen Beyfall geben. Die erstere suchte, so viel möglich, der schwachen Rolle der Frau von Wertheim aufzuhelfen; und Herr Hempel als ihr Sohn erschien in einem sehr vortheilhaften Lichte. Man sah, daß er auf Herrn Brückner in ähnlichen Rollen aufmerksam gewesen, welches sehr zu seinem Lobe gereicht. Schwer ist diese Rolle freilich aber auch nicht zu spielen, da der Schauspieler weder Abwechslung noch Gradation der Leidenschaften in sein Spiel zu bringen hat. Emilie war Madam **Döbbelin**, Hannchen Dem. **Endemann**, Simon Herr **Schulz**, Adlerfeld der Vater, **Engelmeyer**, der Sohn **Klinge**, Karl **Thering**, Frau Beckern Madam **Engelmeyer**, Wilhelm Monsieur **Döbbelin**.

In

In der verstorbnen Ehefrau liessen sich nur die Bedientenscenen zwischen Philipp und Karl sehen. Nicht wegen des Witzes des Verfassers, sondern wegen des Komischen, das die Herrn Merschy und Thering hineinbrachten. Besonders konnte man sich bey der Furcht des ersteren, und, wenn er überlegt, wie er den Auftrag seines Herrn an dessen Geliebte ausrichten soll, des Lachens nicht entwehren. Der widrige Character der Frau Arnold ward durch Mad. Engelmeyer doppelt beschwerlich. Ein Glück, daß sie nur im letzten Acte vorkam! Die drey Liebhaber, Vater, Sohn, und Onkel waren Klos, Hempel, und Engelmeyer; die Schöne, um die sich in Griechenland warlich niemand gezankt hätte, Dem. Endemann, und ihr Mädchen Dem. Döbbelin

Im Schein betrügt erschien Döbbelin zum erstenmal als Milbach, und ließ sich sehr feierlich ankündigen. Ich muß gestehen, daß er sich diesen Abend noch so ziemlich mäsigte. Auch seine Gattin gefiel als Frau von Milbach. Die lebhaften Scenen glückten ihr; desto unüberdachter war ihr Spiel in der Verzweiflung. Dem. Endemann als Fräulein Mathilde verlohnt sich nicht der Mühe zu tadeln, sie wuste nicht, was sie sprach. Hingegen spielte Madam Schulz das Hannchen und Herr Hempel den Herrn von Hill recht brav,

der

pel

der letztere weit richtiger, als Herr Martini bey Koch und Herr Meyer in Weimar diese Rolle spielen. Herr **Klos** als Randolph war zu plump, und Herrn **Engelmeyer** war es nicht zu vergeben, daß er die schöne Rolle des Ungenannten so abscheulich verdarb. Den Beschluß dieses Abends machte die **Weinlese** des Dancourt. Unstreitig werden Sie zuerst begierig seyn, zu wissen, wer die Rolle des Herrn Koch verdarb. Aber was sagen Sie, wenn ich Ihnen Herrn **Schulz** nenne? Außerdem, daß er plattdeutsch sprach, und dadurch den meisten Zuschauern unverständlich ward, spielte er so frostig, daß das ganze Stück darüber verloren gieng. **Engelmeyer** wuste auch den Thomaßin nicht zu beleben. Wie ganz anders spielt ihn Herr Schubert! Sebastian **Klos** zwang vollends, die Thüre zu suchen. Kurz das ganze Stück ward verdorben; der einzige **Merschy** als Florian war leidlich.

Durch nichts schadete sich Döbbelin mehr, als durch die Aufführung der **abgedankten Officiers** und der **Jagd**. Der Abstand zwischen beiden Gesellschaften war zu groß, und das Spiel in diesen Stücken zu beurtheilen ist zu leicht, als daß den Leipzigern über die Döbbelinische Gesellschaft nicht hätten die Augen aufgehen sollen. **Merschy** sollte in dem ersten Löwen ersetzen, aber er hatte weder seinen Ton

 noch

noch das feine Spiel. Die kalte Rolle des Fraucheville wurde durch Herrn Klinge noch frostiger. Besser wäre es gewesen, wenn Hempel, der jetzt Kreutzen war, diese, und Kreutzen Lambrecht gehabt hätte. Mit der Jagd wird sich Döbbelin in Leipzig so leicht nicht wieder hervorwagen. Hier muste er für seinen Hoffarth büssen. Am schlimmsten kam Herr Klinge weg, und doch hätte er es, meines Erachtens, am wenigsten verdient. Freilich, gegen Löwe gehalten, spielte er den Töffel äußerst matt; aber er verfehlt doch den Character nicht ganz. Sein hartes Schicksal ward ihm wohl dadurch zugezogen, daß die Singstimme nicht für seine Kehle gesetzt ist. Er muß nur als Renommist auftreten. Hingegen hätte Klos das ärgste Concert verdient. Man litt ihn aber, weil er der einzige war, der singen konnte. Nicht wie einen Richter im Dorfe spielt er den Michel, sondern -- und darnach war er auch angekleidet. Wenn er auftritt, glaubt man, er wolle ein besofnes Intermezzo machen. Madam Döbbelin wollte die Dem. Steinbrecher im Röschen kopiren, aber ihre Naivetät war Affectation, ihre Lustigkeit Herumspringen. Noch armseeliger sah Dem. Endemann gegen unsre Löwin aus. Ich weiß nicht, warum Madam Döbbelin das Hannchen nicht übernommen; es würde sie besser gekleidet haben, als Röschen, die man der Dem. Stunzius hätte geben können, wie der Berliner

Brief=

Briefschreiber mit Recht erinnert. Letztere singt auch unter dem Döbbelinischen Frauenzimmer am besten. Wenn ich Herrn Schütz nur als Christel gesehn hätte, so würde ich eine sehr schlechte Meinung von ihm haben; er spielt ihn zehnmal schlechter, als Herr Schulze, der doch wahrhaftig nicht unter die Schauspieler zu rechnen ist. Madam Schulz hätte man, ihrer Kleidung und ihrem Tone nach, eher für eine Magd aus dem Dorfe, als für die Hausmutter halten sollen. Sie spielte nemlich die Marthe für Madam Jacquemain, welche wir diesmal glücklicherweise nicht zu sehen bekommen haben, weil sie häuslicher Ursachen halber in Magdeburg zurückgeblieben war. Die einzige Rolle, die besser als bey Koch besetzt ist, ist der König. Nur spielt Döbbelin blos den würdigen Mann, und er sollte auch ein sanfter, ein Galanthomme, er sollte Heinrich der Vierte seyn. Döbbelin läßt sich Rößchen küssen, statt sie zu küssen. Komische Stücke müssen etwas rasch gespielt werden. Geht alles schläfrig, so gähnt der Zuschauer. Die Vorstellung dauerte hier eine Stunde länger, als bey Koch. Man speiste so lange, daß die Zuschauer selbst zu hungern anfiengen und davon liefen.

Eine von den tragischen Rollen, die man von Döbbelin sehen kann, ist der Zamor. Er spielt in der Alzire unstreitig am besten. Nicht, als wenn er hier den äußersten Grad der Vollkommenheit erreichte, vielmehr ist sein Spiel oft überspannt. Aber die übrigen kennen nicht den Character, den sie zu spielen haben, geschweige, daß sie in ihn entriren sollten. Ich nehme noch Herrn **Lambrecht** als Gusmann in der fünften Scene des dritten Acts aus. Könnte ich doch eine gleiche Ausnahme in Ansehung der Alzire, der Madam **Döbbelin** machen! **Engelmeyers** Deklamation war eine grosse Pein. Und keine Rolle will feiner behandelt seyn, als Alvarez, wenn sich der Character behaupten soll. Mir wenigstens scheint es unnatürlich, daß ein Vater dem Mörder seines Sohnes so leicht vergiebt, weil er ihm vor langer Zeit das Leben gerettet, und mitten im Schmerze nur an diese Wohlthat denkt. Die Verzeihung des Zamor, unter der Bedingung, ein Christ zu werden, mag in Katholischen Ländern vielleicht erbaulich scheinen, uns ist sie anstößig. Der dramatische Dichter sollte seine Personen nur nach der Natur, nicht nach den Religionsgesetzen handeln lassen. Ueberhaupt ist der letzte Act schwach. Ein Engländer würde gewiß den Zamor und die Alzire haben sterben lassen --. Noch ein Wort von Herrn **Thering**. Er kann ein guter Valet werden, aber, daß ihm Döbbelin tragische Rollen überträgt, das ist zu arg. Wenn der Verfasser des l'An deux mille über die Konfidenten des Pariser Theater unwillig wird, was würde er zu den unsrigen, wie etwa Schulzen als Alonzo, ja noch mehr dazu sagen, wenn erste Rollen, wie Mondetz, von Schauspielern gemacht werden, über die man lachen muß, so bald sie auftreten?

Daß man Stücke von Destouches und Regnard nur bey Koch sehen kann, empfand ich im Zerstreuten. Herr Döbbelin ist in der Hauptrolle äußerst hölzern, und seine Theaterspiele, zum theil sehr abgeschmackt, z. E. wenn er noch beim Ansagen den Zerstreuten spielt. Er, zwischen seiner Gattinn und Dem. Stunzius mitten inne, eine herrliche Gruppe! Dann kömmt noch das abscheuliche Spiel von Madam Engelmeyer als Grognac, das Pöbelhafte von Felbrig im Karlin, das Kalte von Schulz als Valer dazu, und nun denken Sie sich, wie dieses schöne Stück entstellt wurde. Allenfalls ward man noch von Madam Schulz als Lisette, und Herrn Schütz als Chevalier entschädigt. Der letztere kann in dieser Rolle etwas leisten, wenn er sich mehr um den guten Ton bekümmert. Jetzt verwandelt er noch alle seine Ritter in bürgerliche Narren aus der Kaufmannswelt. Seiner Action fehlt es noch an Mannigfaltigkeit. Das stete Reiben der Hände zeigt seine Verlegenheit an.

Von Madam Hohlinn im Essex habe ich schon geredet Eine ächte Marionette! Ihr

Amant ist nicht minder steif. Wenn Sie sich Gottscheden auf der Rednerbühne denken, so haben sie Döbbelins Essex. Aus Gottscheds Zeiten schreibt sich auch wohl noch die Regel her, geschwind weiß glaßirte Handschuhe anzuziehen, so bald man seine Princeßin zu sprechen bekömmt. Ueberaus freute ich mich, daß nicht Dem. Döbbelin, sondern Madam Schulz diesmal die Irton machte. Sie hat sonst die Elisabeth gespielt, und, wie ich höre, will sie dieselbe wieder übernehmen. Ich zweifle aber, daß sie diese Rolle gleich der Irton spielt; denn, nächst der Fausta und der Königinn im Richard, gehört die letztere zu ihren vorzüglichsten tragischen Rollen. Sie allein verdiente es, daß man das elende Spiel der Uebrigen geduldig ertrug. Wer wollte wohl von Engelmeyers Salisbury oder Klingens Cecil etwas sagen?

Auf die Vorstellung des Atreus und Thyest hatte ich mich einigermaßen gefreut, aber ich fand mich betrogen. Selbst für Madam Schulz ist das Stück zu schwer; dennoch ist sie immer die einzige, die man sehen kann. In den erstern Acten spielt sie mit Einsicht; aber gegen das Ende und besonders in den Monologen vermißt man die Meisterinn. Hier muß man Madam Koch sehen! Lachen muste ich, als Madam Schulz beym Sterben unsre Henselinn in der Sara Sampson kopirte.

Ich

Ich habe schon mehrere Schauspieler gesehen, die in der Dramaturgie gelesen, wie gut beym Sterben das Zupfen an den Kleidern ausfällt, und es nachgemacht, aber so ohne Verstand habe ich es doch noch keiner anbringen sehen. Sitzend oder stehend, von Gifte oder von einem Dolchstosse sterben, das dünkt mich, sollte doch wohl in der Art des Sterbens einen Unterschied machen. Madam Hensel stirbt anders als Kleopatra und anders als Sara. An solchen Stellen aber zeigt es sich, ob der Spieler Empfindung und Einsicht habe, oder ob sein Spiel bloße Routine sey. Die vorzüglichsten Mitglieder dieser Gesellschaft haben viel gesehen, französische und deutsche Schauspieler, Grenadiermanöuvres und Fächerexercitien, was sie nur da erhascht haben, bringen sie wieder an den Mann, unbekümmert, ob es passe oder nicht. Herrn Döbbelin als Atreus erwartete ich am meisten. Kein wahres Wort, möchte man sagen, geht aus seinem Munde. Sein Sterben! Auf der Erde herumzukriechen, wie eckelhaft! Die Arme über den Kopf zusammenzuschlagen, wenn man eine Wunde im Herzen hat, wie ohne Verstand! Indessen kann es seyn, daß er die Rolle nicht immer so spielt; wenigstens ist mir es versichert worden. Vielleicht hat er nur diesmal, aus grosser Begierde es recht schön zu machen, es herzlich schlecht gemacht. Sein langer schwarzer Bart war sehr lächerlich. In den Scenen, wo vollends weder er noch Madam Schulz vorkam, konnte man sich sicher umdrehen, und plaudern; man verlor nichts. Weder Herr Murr Thyest, noch Herr Lambrecht Aeghist, und am allerwenigsten Thering verdienten die geringste Aufmerksamkeit. Wenn es erlaubt ist, sich für die Langeweile mit einem Einfall zu rächen, so möchte ich sagen, Herr Murr sah wie ein Konföderirter aus, der von den Russen gefangen worden, und acht Tage nichts zu essen bekommen; daher fiel er so ineinander. Er trat hier zum erstenmal in einer wichtigen Rolle auf. Wäre er doch bey den Nebenrollen geblieben!

Ein Stück, das mich noch am meisten unterhalten, war der Freigeist von Leßing; unstreitig, weil es an und für sich schon so anziehend ist. Schlecht besetzt waren die Rollen des Lisidor durch Herrn Engelmeyer, der beiden Töchter durch Madam und Dem. Döbbelin (wie unschicklich dies sey, habe ich schon im Parterr erinnert; überdies behauptet keine ihren Character) der Frau Philane durch Frau Engelmeyer (welche sehr zum Lachen reitzte, da sie rühren sollte) des Johann durch Klos, des Araspe durch Schulz, des Wechslers durch Klingen. Nun werden Sie fragen: Was wurde dann gut gespielt? Gut gespielt? Nicht

mehr,

mehr, dann zwey Rollen, der Martin und die Lisette. Herr Merschy und Madam Schulz spielten aber auch ganz außerordentlich. Ein Theaterspiel des erstern hat mich besonders ergötzt. Daß Johann keine Teufel glaubt, hört er noch mit Gelassenheit an, als er aber sagt, daß er auch keinen Gott glaube, fährt er zusammen, reißt geschwind den Hut vom Kopfe, nimmt ihn untern Arm, und steht versteinert da: "Was? Keinen Gott?" Sie erinnern sich, daß der gemeine Mann bey dem Namen Gottes den Hut abzieht. Jeder Funken von Observationsgeist ist mir an jungen Schauspielern wichtig. Doch selbst die beiden Hauptrollen des Adrast und Theophan wurden nicht verdorben. Hier erkannte ich Herrn Schütz als Schauspieler. Sie werden wohl so glauben, daß er dieser schweren Rölle nicht völlig Gnüge that. Der denkende Mann, der Mann, dem die Ergötzlichkeiten eckeln, selbst der Stolz dieses Characters war wenig sichtbar, und er war mehr ein junger feuriger Liebhaber, der die Welt erst geniessen will. Besonders wollte ihn das Philosophiren nicht kleiden. So viel möglich, suchte er indessen doch, jede Schattirung seines Characters anzudeuten. Gab er sie gleich schwach an, so traf er sie doch fast immer, und seine Deklamation war auch meistens richtig. Der rührende Zug: "Theophan, sie sind doch "wohl ein ehrlicher Mann," entwischte ihm

 nicht.

nicht. Er blieb erst mit verschränkten Armen stehen, sah dem Theophan steif ins Gesicht; auf einmal eilte er auf ihn zu, und nun mit dem wärmsten Tone: "Theophan! --- Sie "sind doch wohl ein ehrlicher Mann!" Gewiß, dieser junge Mensch verspricht viel. Herr Hempel kopirte den Theophan von Herrn Böck. Und wer wollte ihm dies verdenken, da ihn dieser so vortreflich spielt? Nur war er in dieser Rolle monotonischer, als in einigen neuerlich memorirten. Indessen verfehlt er doch nicht den Character.

Den **Lügner** von Goldoni muste man des komischen Spiels des Herrn **Merschy** im Pedrillo wegen sehen. Den Beschluß machte die Mütterschule von Marivaux.

Kein Stück wurde langweiliger, als **Mustapha und Zeangir**. **Thering** Rustan! Was kann da herauskommen? Wenn das Stück gefallen soll, so muß diese Rolle und der Zeangir gut gespielt werden, und beide wurden es nicht. Dem. **Döbbelin** hat nicht einmal den nöthigen Anstand zu ihrem Character; vielweniger weiß sie, was sie spricht. **Lambrecht** war im Mustapha wieder so kalt als im Krispus. Dennoch will er das gleichgültigste Wort mit Affect sagen. Alle fangen in einem übertriebenen Tone an, und müssen also eintönig

werden. So Herr **Döbbelin** vorzüglich als Solimann. Nur Madam **Schulz** spricht vernünftig; sie war Roxelane. Dem. **Endemann** in der Rolle der Fatime erregte Lachen; die übrige ganze Vorstellung Gähnen.

Diejenigen, welche Herrn **Klos** in der Rolle des Agapito in der **verstellten Kranken** so außerordentlich finden, bitte ich ihr Urtheil zu suspendiren, bis sie einmal Gelegenheit haben werden, Herrn Eckhof zu sehn.

Der **Galeerensklave** thut hier nicht die geringste Wirkung. Denn auch die schöne Scene zwischen Lisimon und Andre im letzten Akt wissen diese Schauspieler nicht geltend zu machen. **Engelmeyer** spielt den ersteren ganz erbärmlich. Die übrigen habe ich schon angezeigt.

So schlimm Döbbelin mit der Jagd weggekommen war, so wollte er sein Heil in den Operetten doch nochmals mit **Lottchen am Hofe** versuchen. Madam Döbbelin muß nun einmal in allen Stücken die Hauptrolle haben, sonst würde sich freilich die Gräfinn für sie, und Lottchen für Dem. **Stunzius** besser geschickt haben, als, da es umgekehrt ist. Wie lächerlich wird es, wenn letzterer zu der erstern sagt: "Adieu, "du liebe Kleine!" In den Scenen, wo Gürge am Hofe ist, macht **Döbbelin** einen abgeschmack-

schmackten Dorfjunker; einen Masuren, und keinen Bauer. Seine Affectation mit der Stimme war widerlich, weil sein natürlicher Ton oft durchbrach. Er wollte Herrn Koch als Bauer kopiren. Für einen Fürsten hat Herr **Klos** zu wenig Würde, und war überdies ohne Action. Sonst ist er hier eher zu ertragen, als in seinen komischen Rollen. Der Gesang war gut. Auch bey Herrn **Klinge** ist dieser besser, als sein Spiel; er machte den Fabritz.

Durch eine schlechte Vorstellung kann das beste Stück fallen. Den Philosophe sans le sçavoir erkennt man hier nicht wieder, und der beste Beweiß ist, daß ich **Engelmeyern** als Vanderk den leidlichsten nennen muß. Nicht ohne Wehmuth sah ich Naivetät, Laune und ganze Charactere in dem Munde eines **Klos**, einer **Hohlinn**, und einer Dem. **Döbbelinn** verschwinden. Diese verdarben nemlich die schönsten Rollen, den Anton, die Marquise, und die Victorine. Hätte doch Madam **Schulz** die letztere behalten, ob es gleich keine Rolle war, worinnen sie sich zu ihrem Vortheile zeigte! Auch Herr **Lambrecht** spielte den jungen Vanderk schlecht. Wie elend überdies die kleinen Rollen der Frau Vanderk und der beiden Palmenfelde mit Madam **Engelmeyer**, Herrn **Schulz** und **Klinge** besetzt waren, will ich gar nicht erwähnen. Auch die Uebersetzung

taug-

taugte nicht viel. Warum bedient man sich nicht der Jesterschen?

Zum Beschluß ward das Landhaus nach dem Englischen das erstemal aufgeführt. Der Uebersetzer soll für die Vorstellung Veränderungen gemacht haben, vermuthlich keine wichtigen; denn ich habe sie nicht bemerken können. Gut aber hätte er gethan, wenn er den Einfall, den er in der Vorrede geäußert, nach dem 21. Auftritt die Scene zu verändern, und den Zuschauern zu zeigen, wie Bernhard das Wirthszeichen aushängt, nicht hätte executiren lassen. Es hält die Handlung auf, theilt das Stück in zwey Aufzüge, verändert unnöthiger Weise die Bühne, und ist völlig überflüßig, da wir gleich darauf alles hören, was wir gesehen haben. Der Verfasser kan in den Logen nicht begreifen, warum das Stück nach dieser Pantomine sich nicht wieder habe erwärmen können. Er klagt die Schauspieler fälschlich an. Die wahren Ursachen liegen darinnen, daß die Illusion durch diese abgeschmackte Pantomine gestört worden war, und daß der Ausgang hinkt. Was kömmt am Ende heraus? Die Charactere brauchen sich nicht zu ändern, aber sie müssen einander doch abschleifen. Hier aber bleibt jeder so sehr Narr, wie zuvor; viel Vernunft findet man überhaupt im ganzen Stücke nicht. Es hat einige gute komische Einfälle

fälle und Scenen, aber das Ganze thut keine Wirkung. Es hängt aus blos episodischen Scenen zusammen, die der unbedeutende Character des Bernhard vereinigt. Die Sprache ist oft sehr niedrig. Bernhard nennt seine Frau gar einmal **Bestie**. Wo der Ton vollends nicht überladen komisch ist, da wird er sehr fade. Man sehe gleich die ersten Scenen. Den Dialog des Uebersetzers wüste ich auch nicht zu rühmen. Executirt ward das Stück nicht ganz schlecht. Die vierzehende Scene nahm sich recht drollig aus. Herr **Schmidtschneider** und Dem. **Döbbelin** spielten den Heinrich und die Babet nicht übel. Herr **Klos** aber als Bernhard wollte mir nicht gefallen. Lob hingegen verdienen Madam **Hohl** Frau Bernhard, Dem. **Stunzius** Mariane, Herr **Hempel** Erast, Herr **Thering** Kolin, Herr **Schüz** Marquis, Herr **Lambrecht** Baron. Herrn Thering will ich nur erinnern, daß er seine Bedienten nicht so einförmig spiele; Just ist seine schönste Rolle. Solche Kammermädchen, wie hier Lisette, weiß Madam Löwen besser aufzustutzen, als Madam **Schulz**. Den Soldaten spielte Herr **Murr** recht natürlich. Fast die ganze Gesellschaft trat in diesem Stücke auf, aber die wenigsten Rollen sind von Bedeutung.

Ich komme zu einer Vorstellung, mit der ich mich sehr lustig machen könnte. Der empfindsame

same Döbbelin, wie ein Journal dies Beiwort misbraucht, gab uns an einem Abend den Einsiedler von Pfeffel und ein aus italienischen Intermezzos von Ast zusammengeschmiertes Deutsches: **Die beste Zeit zu heirathen, oder wer das Glück hat, der führt die Braut nach Hause.** Dieser Ast ist Schauspieler bey einem kleinen Principal Kalte, Verfasser des Jochen Trebs, eines dicken Bands theatralischer Werke, der erst voriges Jahr zu Franckfurt erschienen, und der Gellerten vor einigen Jahren angedichteten Sittenlehre. Gegenwärtiges Ding ist so absurd, daß es die Heringsweiber schlecht finden müssen. Wer einen Beweiß davon fodert, dem schreibe ich eine Arie des Hauptthelden Paphnutz ab:

Wer ein Mädchen will charmiren,
Der muß seyn von leichtem Fuß,
Der muß zierlich
Und manierlich
Nach dem Tact daher spatzieren;
Denn, wenn ein Plumbacius
Heut und morgen Schritt vor Schritt
Wie ein Hopfensack hertritt,
Muß der Gusto sich verlieren.

Doch das räumt jeder in Leipzig wohl gern ein

ein. Warum, frag ich aber, warum applaudirte man es denn? Kann wohl ein Weiße und Engel Lust bekommen, für ein Publikum zu arbeiten, das Affen belacht und beklatscht? Selbst die Magdeburger, welche doch so sehr für Döbbelin eingenommen sind, hätten ihn hier bald ausgepfiffen. Den Paphnutz machte ein Mensch, der sonst im Orchester spielt, Frischmuth. Herr Döbbelin hätte sich diese Rolle nicht sollen entgehen lassen. Unstreitig wird dieses Ding seiner Gattin wegen aufgeführet; damit sie sich in vierfacher Gestalt, als Lieschen, Jäger, und Kegelbube (wo sie österreichisch spricht) präsentiren kann. O freuet euch, ihr Anbeter, und gaft die vielfachen Reitze eurer Donna mit Bewunderung an! Den Liebhaber spielt Herr Klos. Er erscheint als Hausknecht, Renommist, alte Frau, Jude, Anselmo, und in seiner eignen Tracht. Die Maske des Hausknechts kleidet ihn am besten. In der Scene, wo er das alte Weib spielt, erinnerten sich die Zuschauer des jährlichen Fischerzugs, wo ein alt Weib verkleidet den Hanswurst macht. Kein Schauspieler, der auf Ehre hielt, sollte sich vom Principal zu solchen Unanständigkeiten misbrauchen lassen. Wie schön paßte zu diesem Stücke der Einsiedler! Dieser war so fade, als jenes abgeschmackt, und beide erregten Langeweile. Doch muß ich Madam Döbbelin als Seraphina rühmen. Sie deklamirt wenig Rollen

len so wichtig. Spiel und Anzug war hier in der That reitzend. Wenn sie die wesentliche Erfoderniße ihrer Kunst so gut verstünde, als die Kleidung, so wäre sie eine vollkommne Actrize. Ihre Sorgfalt hierinnen ist mancher grössern Schauspielerinn zu empfehlen, die das Aeußerliche oft zu sehr vernachläsigt. Der Einsiedler wollte Herrn **Döbbelin** nicht passen. Murr als Frommhold brachte einen ausser aller Fassung. Er scheint zu glauben, einen Alten vorzustellen, brauche man nur mit dem Kopfe zu wackeln. Schulz hat die Rolle sonst gemacht; das mag freilich nicht viel besser gewesen seyn. **Lambrecht** war Adelskron.

Den 10ten November schloß hier Döbbelin seine Vorstellungen mit dem **Kodrus**, und der **verfolgten Komödie**, beide von Kronegk. Das letztere war wohl der Allegorie halber gewählt? Madam **Schulz** machte Thalien, Madam **Döbbelin** die Tugend, und **Thering** den Hanswurst sehr gut. Auch war es ein Glück, daß Madam **Schulz** und nicht die Engelmeyerinn für heute die Königinn im Kodrus spielte. Das Stück geht hier auf Stelzen. Die Abschiedsrede hatte Herr **Bock** aufgesetzt; man findet sie in den Logen.

Wiederhohlt sind worden: Der Deserteur, die drey Sultaninnen, Eugenie, die schlaue Wittwe, worinnen jetzt Herr Schütz den Franzosen spielt, und die Werber. Mit letzterm Stück hat Döbbelin den 20. Nov. seine Vorstellungen zu Braunschweig eröfnet. Er versprach in der Abschiedsrede, zum neuen Jahre wieder hier zu seyn; wie man aber hört, wird er den Winter über dort verbleiben. Einige Tage vor der Abreise nahm Herr **Merschy** seinen Abschied, und zog seiner Frau nach. Döbbelin hat viel an ihm verloren. Er war sein einziger grotesker Schauspieler, der einen noch zuweilen in ein komisches Stück lockte. Aber ich denke, Merschy hat doch noch mehr an Döbbelinen verloren. Dem. Stunzius hat Herrn Schmidtschneider geheirathet.

Hier haben Sie, was sie haben wollten; und nun lassen Sie mich ferner Döbbelins wegen ungeplagt. Das erstemal war mir Ihre Auffoderung willkommen. Ich hatte so oft über ihn und einige seiner Hauptspieler unter Freunden gescherzt; alles, was ich sagen wollte, war mir so lebhaft vor Augen, daß ich nur die Feder ergreifen durfte. Aber schon dieser Aufsatz ist mir sehr beschwerlich gefallen. Die Vorstellungen hatten mir Langeweile verursacht, oft konnte ich sie nicht ganz aushalten. Ich sah sie, um Ihnen Nachricht geben zu können; und ich vergaß gern, was ich gesehn und gehört hatte, so bald ich nur wieder heraus war. Ich sprach höchst ungern darüber, und nun

setzte

t hatte,
sprach höc

setzte ich mich hin, und sann, wo das Ding anzufassen. Das findet sich dann noch wohl; aber man sieht es auch dem Aufsatz an, daß er nicht aus der Fülle des Herzen geflossen. Es gehören besondre Veranlassungen dazu, unsre Ideen zu erwecken. Daher kömmt es eben, daß die Journale sich in der Folge verschlechtern. Die Kunstrichter nehmen die Bücher schon mit dem Gedanken in die Hand: Hierüber muß etwas gesagt werden; und dann wird selten viel besonderes gesagt. Ich habe mich daher auch so kurz gefaßt, wie möglich, und nur so viel beygebracht, als ich theils zur Bestätigung theils zur Berichtigung dessen, was im Parterr war gesagt worden, nöthig fand. Wenn Döbbelin seine Gesellschaft nicht sehr verbessert, so kann er nun Jahre lang Vorstellungen geben; ich werde sie nicht besuchen. Und seine Freunde mögen mich in Bibliothecken, Zeitungen, Wochenblättern, Beiträgen, Logen, Gallerien, Paradiesen, Beweisen, Sendschreiben schmähen, lästern, so lang und so arg es ihnen beliebt; ich werde nicht antworten. Wozu? Weder Sie noch ich hatten je ein persönliches Interesse, der Kochischen Gesellschaft das Wort zu reden, und sie hat weniger, als andre Truppen, der papiernen Unterstützung nöthig, welche allemal von wenig Dauer ist. Kenner werden schon zwischen mir und meinen Gegnern entscheiden. Meine Gegner aber selbst eines andern zu be-

 leh-

lehren, daran verzweifle ich, da die eingemischten Persönlichkeiten von der Heftigkeit ihrer Leidenschaft zeugen. Sie werden zwar ihre Dolche desto häufiger zücken, wenn sie hören, daß wir uns ihnen nicht entgegen setzen wollen, aber lassen Sie sie, ich biete ihne meine Brust dar — Ihnen aber rufe ich zuletzt noch die Worte des Young zu: "Ihr Kunstrichter jä-"tet das Unkraut aus dem edlen Getreide; ihr "beweiset in eurer Unhöflichkeit ein wahrhaftig "gutes Herz. Aus Gerechtigkeit gegen die Guten, "verschmähet die Bösen."

XVII.

Beantwortung des Schreibens über die Kochische Schauspielergesellschaft von einem Freund aus Halle an der Saale. 1771. S. 16.

Hat sich der Verfasser dieser Antwort gleich nicht viel Mühe gegeben, weil er seine Anstrengung nach dem Maas der Kräfte seines Gegners gerichtet: so hat er ihm doch die Wahrheit so trocken, mit so kaltem Blute gesagt, als es ein solcher Scribent verdiente. Der Einfall ist gut, im Namen dessen zu antworten, an den der Brief vorgeblich gerichtet gewesen. Vom Tone urtheile man aus aus folgender Stelle: "So viel ist wahr, hält Herr Koch oder seine Gesell,

"Gesellschaft, oder die gelehrten Leute, die sie "so höhnisch eine Schaar Kostgänger schimpfen, "es der Mühe werth, sich zu vertheidigen, hilf "Himmel, wie viel Rippenstöße werden sie mit "ihrer zerkauten Feder abpariren müssen, wenn "sie mit heiler Haut davon kommen wollen. "Wenn sie nur nicht gar auf die Gedanken ge"rathen, ihnen die Hosen abzuziehen, das wäre "ein verzweifelter Streich. Ich möchte nicht "in ihrer Haut stecken; denn ich bin sehr kitz"lich, besonders da herum, und solche Leute, "wenn sie beleidigt werden, peitschen nachdrück"licher, als der Schulmeister, der ihnen noch "vor kurzer Zeit den letzten Product gegeben." Es wird geläugnet, daß der Schauplatz blos in Operetten so voll sey. Auch in andern Stücken hat man um vier Uhr keinen Platz mehr finden können. S. 7. wird dem Verfasser eine grosse Inconsequence gezeigt. Er gesteht, daß die Jagd und das Rosenfest den grösten Beifall finden, und ist doch mit den Vorstellungen der übrigen Operetten unzufrieden. S. 8. wird mit Recht gezweifelt, daß es Döbbelin zu einem gleichen Grade des Beifalls gebracht haben würde, wenn er auch nach der Schließung des Theaters noch so lange in Berlin geblieben wäre. Im Kanut sind einmal fast gar keine Zuschauer gewesen, und der grosse Döbbelin ist als Ulfo von einem der wenigen Zuschauer das ganze Stück hindurch laut genüg verspottet worden. Auf das, was der Schmierer von Kochs Frauenzimmer gesagt, wird geantwortet: „Ich vergebe es ihnen sehr „gern, wenn es auch wahr seyn sollte, daß sie „sich in Madam Döbbelin verliebt hätten, und „also gegen die Reitze andrer gleichgültig wären. „Denn durch ihr Misfallen wird, dem Him„mel sey Dank, keine Schöne häßlich, und „wenn Herr Koch und alle, welche sie so sehr „verkleinert haben, sie so gut kennten, als ich, „so würden sie sich freuen, von ihnen nicht ge„lobt worden zu seyn."

XVIII.

Die bedrängten Waysen, ein Schauspiel in fünf Handlungen, Passau gedruckt bey Friedrich Gabriel Mangold, Hochfürstl. Hofbuchdrucker S. 104. 8.

Die Waysen, ein Drama von fünf Handlungen, von Joseph Pelzel, Wien bey Trattner S. 95. 8.

Es ist die gewöhnliche Methode der Anfänger, sich irgend einen Roman aufzusuchen, welchen sie dialogiren, oder selbst einen nach dem Zuschnitte der übrigen zu erfinden. Wie leicht das letztere sey, bezeugt das unabsehliche Heer von Romanen, welches drey der berühmsten euro=

europäischen Länder überschwemmt. So wie auch der schlechteste Roman immer noch irgend einen Müßiggänger zum Leser findet, so glaube der junge dramatische Schauspieldichter die Neugierde seiner Zuschauer schon genug zu reitzen, wenn er ihnen ein Historchen, zumal von der weinerlichen Art erzählt. Er glaubt, daß Intrigue alle Unwahrscheinlichkeiten entschuldige, daß jeder zufrieden nach Hause gehe wenn er ein Kapitel aus dem Kompendio der Moral, vornemlich das von bedrängter und verfolgter Tugend, in einem Exempelchen erläutert gesehen hat. Der Unterschied zwischen Erzählung und Drama ist ihnen ganz unbekannt; ja sie kennen nicht einmal die Eigenschaften einer guten Erzählung. Nur die Fehler der Romane haben das Wort Roman verhaßt gemacht; und rührende Lustspiele mögen immer Romane seyn, wenn sich der Dichter die Fieldinge und die Richardsons zu Mustern wählt. Aber insgemein giebt man uns Romanedies, wie die Feinde des rührenden Lustspiels diese neue Gattung nannten. Man bedenkt nicht, daß dem Zuschauer der Vortheil entgeht, den der Leser in seinem Lehnstuhle hat, die langwierigen und müßigen Scenen zu überblättern und zur Entwickelung zu eilen. Man concentrirt nicht die manigfaltige Handlungen auf Situationen, sondern geht die gebahnte Straße, wie der Maulesel, wenns heiß ist. Man bekümmert sich um keine Charactere, oder dichtet sie sich so allgemein, wie in den Schilderungen, die zur Uebung gemacht werden. Bey solchen Situationen und solchen Characteren kann es unmöglich originelle Sentiments geben. Ja, man hört nicht einmal den Dialog des gemeinen Lebens, sondern der Verfasser schraubt entweder seine Sprache, daß uns angst und bange wird, oder er lallt den galanten Stil nach, oder er affectirt endlich, nobel zu reden, wie die Dame im Vsurier Gentilhomme.

Herr Pelzel fand es für gut, ein Drama zu schreiben. Ach nur erst Trauerspiele, nur erst Komödien! Dann wird es sich mit den Dramen schon geben. Er erdichtete sich selbst einen Roman dazu. Unter allen Personen, welche die Romanenschreiber am meisten leiden lassen, sind Frauenzimmer und Waysen die häufigsten. Herr Pelzel wollte beide vereinigen, und nahm daher eine männliche und eine weibliche Wayse. Er vergaß aber, daß eben durch die Zwiefachheit der leidenden Personen eine Monotonie entstehen werde. Er glaubte, daß schon ihr Waysenstand die Zuschauer für sie einnehmen werde, und wandte weiter keinen Fleiß auf ihre Charactere. Aeußerst tugendhaft sind sie allerdings alle beide; sie sind beide personificirte Tugenden. Allein, abgerechnet, daß sie sich durch nichts von einander unterscheiden, so thun sol-

che

che Charactere mit den allegorischen einerley Wirkung; sie lassen uns nemlich kalt. Der Stand der Waysen bringt denn ganz natürlich eine Entdeckung mit sich, und so haben wir den Plan des Stücks schon fertig. Die Einleitung der Intrigue und die Beschreibung der Personen nehmen die drey erste Acte weg, den letzten die Entdeckung. So braucht man nur einen einzigen Act eigentlicher Handlung; das übrige füllt die Erzählung. Und so ist es in der That bey Herrn Pelzel. Wie viel Handlung haben wohl im Grunde seine drey ersten Acte? Je mehr man Personen anbringen kann, desto besser, desto mehr Reden giebt es; und desto später wird der Zuschauer klug. Herr Pelzel läßt die Bedrängniße bis zur Gefangenschaft steigen, und das mit Recht! Man hat schon halb gewonnen, wenn man den letzten Act im Gefängniß spielen läßt. Die Dunkelheit, die raßelnden Ketten, die wehmüthigen Elegien — welches Herz kann dabey unerweicht bleiben! Gähnt auch der gröste Theil der Zuschauer, so darf es doch des Wohlstands wegen nicht so laut geschehn, als das Lachen, und so herrscht durch den ganzen Schauplatz eine angenehme Windstille. Zum Trost der armen Autoren hat ein gewißer Diderot noch ein gutes Mittel gefunden, ihre Blösse zu bemänteln. Man kann z. E. auf der Bühne essen und trinken lassen; unterdessen geht doch die Zeit hin;

jedermann erkennt den Verfasser für einen zweiten Diderot, oder wenigstens bekommt der Zuschauer Appetit mitzuessen und mitzutrinken. Kann man mehr Illusion von einem dramatischen Dichter fodern? Nun noch die Scene nach England gelegt! Sogleich schließt der Zuschauer nach Hermes Einfall: So gut als aus dem Englischen übersetzt. Die englische Kleidung thut auch keine üble Wirkung! Ueberdies sind ja die Engländer für närrische Kerls bekannt. Auf der ihre Rechnung läßt sich schon manche Ungereimtheit sagen. Wer kennt so genau die englischen Sitten? Die deutschen sind so verhenkert schwer zu bearbeiten! Man kann sie zu sehr mit der Natur, mit der Minna, mit dem dankbaren Sohne vergleichen.

Die beiden Waysen leiden blos, sie haben blos zu ächzen und zu seufzen. Ein einzigesmal handelt der Wayse, aber nicht viel besser als in einer Schulübung. Wie herrlich läßt es nicht, wenn er sich auf die Brust schlägt (S. 28.) und exklamirt: Hier fühle ich ein stärkeres Recht. Er zerreißt die Schrift (S. 29.) gerade wie Tellheim den Brief. Was fehlt ihm nun noch zum Tellheim? Es läßt sich dabey eine Kinderscene anbringen! Abermals ein herrliches Schmelzungsmittel aus dem Laboratorio der weinerlichen Dichter!

Ein

Ein Mädchen und ein Knabe, welches die beiden Waysen sind, müssen einen Anbeter und eine Anbeterinn haben. Es müssen natürlicher Weise auch solche tugendhafte Abstracta seyn; denn gleich und gleich gesellt sich gern. In der ersten Ausgabe hatte doch noch wenigstens der Anbeter einen unterscheidenden Character. Er hatte anfangs böse Absichten auf die Waysе gehabt; aber er kann ihrer Tugend nicht widerstehen. Seine Reue, sein Geständniß machte einige gute Scenen. Nun ist auch er verengelt. Weg sind die ehmaligen wirklich leidliche Scenen des vierten Acts. Dafür hat der dritte Act einen Zuwachs von verliebtem Gewäsche bekommen. Sonst war Sir William doch noch eine Kopie des Saintalbin, jetzt ist er gar nichts, sondern eben ein so unthätiger Schatten. Erst hat er nur Obst zu speisen, und dann zu girren. Seine Vorbitten sind sehr langweilig und er hilft das Gewimmere im Gefängniß verstärken. Ganz natürlich ist der Anbeter von den Seinigen einer andern Schöne; und die Anbeterinn einem andern Jünglinge bestimmt. In der ersten Ausgabe war dies bey dem erstern vergessen, und ist nun, wie billig, nachgeholt. Zweierley Personen sind denen Bedrängten nöthig: Verfolger und Beschützer. Der Jüngling wird von seinem Pflegvater tyrannisirt. Sein Character ist theils nicht gut angelegt, theils nicht genug erhalten. Er spricht entweder wenig, oder mit der grösten Heftigkeit. Besonders in der andern Ausgabe läßt ihn der Verfasser jezuweilen seinen Lakonismus vergessen. Er ist in die Lords vernarrt; dies ist eben kein neuer Zug. Daß er aber in Unmenschlichkeit Türken und Heyden und selbst jenen hunnischen Papa übertrift, wer kann das loben? Zum Glück kommt er nicht gar zu oft vor. Keine Scene ist schlechter, als die Verstossung des Sidley. Hier hätte sich der Verfasser die Verstossung des Tom Jones zum Muster nehmen sollen. Er hat grosse Aehnlichkeit mit dem Hartley in der Eugenie, allein, wie viel verliert der Esquire in Vergleichung mit dem Komthur! Denn daß der Verfasser den Diderot bey seiner Arbeit immer aufgeschlagen neben sich liegen gehabt, ist wohl keine zu gewagte Muthmassung. Vornemlich hat wohl Miß Thesey eine zweyte Sophie werden sollen, allein currente rota urceus exit. Das Mädchen wird von einer Vormünderinn verfolgt, die sie nicht allein ihres Vermögens, sondern auch ihrer Ehre berauben will. Sehr rühmlich ist es, daß sie in der zweiten Edition die Bühne nicht mehr selbst betritt, wie in der ersten. Ihr Character war so gräßlich, daß sich alles menschliche Gefühl dagegen empörte, und ihre Sprache die Sprache des niedrigsten Pöbels. Gleich ihr Name, der nun auch geändert

ändert worden, kündigte ihr viehisches Wesen an. Aber da das Bedrängniß der Miß Thesey nun blos erzählt wird, so hat die Handlung verloren, was der Wohlstand gewonnen hat. Um die Lücke einigermaßen auszufüllen, ist ein Kapitain hinzugekommen, der aber wie ein Meteor erscheint und verschwindet, ohne daß wir weiter etwas von ihm hörten, und folglich ein wahrer Lückenbüsser ist.

Nun die Beschützer? Deren sind drey. Der eine, nach dem Germeuil modellirt, thut gar nichts. Wozu ist der fromme ehrliche Arnold da, als zu reden, und die Einförmigkeit der Gesichter zu vermehren? Ein **Milord** ist nur um der Entdeckung willen da; nach der neuen Ausgabe auch, um zwischen die Degen zu laufen, daß niemanden kein Leides geschehe. Er legt einmal eine Fürbitte ein, und, und da sie nichts hilft, geht er frostig ab. S. 63. Auch er besitzt die edelste Seele von der Welt. Seite 21. Ist dies Drama nicht ein wahres Paradies? Endlich der letzte und der beste; der Beste des ganzen Stücks! Ein launigter Kapitain, ein humoristischer Engländer, ein angenehmer Schwätzer, voll naiver Gutherzigkeit. Wie sehr verdunkelt dieser alle übrigen! Wenn er noch mehr in Situation gebracht wäre, so könnte er uns für das übrige entschädigen. Die Stelle (S. 88.) wo er sagt, daß er zum König gehen wolle, ist aus der Eugenie fast nur abgeschrieben.

Die neue Ausgabe ist an Situationen nicht reicher geworden, noch sind die Situationen ausgeführter, welches letztere der Verfasser noch gar nicht versteht. Ein einzigesmal ist ein neuer, aber sehr abgenutzter Einfall hinzugekommen. Es wird nemlich der Thersey die Freiheit allein angekündigt, die sich dann, wie leicht zu denken, nicht vom Sidley trennen lassen will. Sonst hat die neue Edition den Vorzug, daß die kleinen Umstände alle bestimmter, und der Dialog hier und da gebessert worden. Wer sich über die Sprache nicht hinwegsetzen kann, wird dieses Schauspiel bald aus den Händen legen. Wenn doch Anfänger in solchen Stücken lieber Brandessens Kürze nachahmten, als uns mit ihrem prächtigen Gewäsche plagten! Wo ist hier Feinheit, Zierlichkeit, Wahrheit, Neuheit, Geschmeidigkeit, Innigkeit, Gefühl, Zärtlichkeit, und wie die Reihe der Tugenden weiter heißt, welche die Sprache des rührenden Lustspiels zu einer so schweren Arbeit machen? Statt dessen die gewöhnlichen Formeln, ein aufgedunsner Stil, und eine geharnischte Sprache!

Ich will dem Verfasser zum besten noch einige einzele Ausdrücke tadeln. Wer ruft wohl

im

im gemeinen Leben: Eilfertig! aus (S. 5.) Sidley sagt eben daselbst: Wo sind die Zeiten, wo ich, unter dem Schutze der liebreichsten Dame, als ein zur Familie gehöriges Glied, geliebt worden. Solche Einschiebsel gehören nicht in den Dialog Die Sache liegt mir am Herzen, sagt man wohl, aber nicht sie liegt mir schwer am Herzen (S. 6.) sondern auf dem Herzen. Weder Mylord, weder James (S. 8.) muß das andremal noch heissen. Es war weit mehr im Charakter des Kapitains, wenn er in der alten Ausgabe sagte: Billy, Billy du bist gebrannt, als nun: du bist ganz begeistert. S. 9. Wie die Katze um den Brey, war freilich etwas niedrig, aber wie pretiös das neue: Wie ein Fiebrichter um einen angetragnen Schmauß. S. 10. Die ganze neuhinzugekomne 11. Seite ist leeres Geplaudere. Pupillin ist ein blos juristischer Terminus. Welche fremde Konstruction: Es muste auf Leben und Tod ankommen, ehe ich das geschehen ließe. (S. 14.) Ganz undeutsch ist folgendes: Wenn sie nur nicht entdecken möchte. (S. 15.) Eine schöne poetische Flostel: Wie eine freudige Sprosse in den Flühlingstagen! Laß es gut werden, sagt man nicht (S. 16.) sondern seyn. Ausfolgen für ausantworten ist mir fremd. (S. 17.) Sich jemandes Armen einhängen (S. 18.) ist ganz neu. Liebvoll für liebreich. Ein unterhaltlicher Muthwille verräth den Oester-

reicher

reicher (S. 20.) Das Wortspiel ist sehr schlecht: Ein verborgner Geyer, den wir zu allen Geyern schicken müssen. Thränen, die zur Ehre der schönen Seele fließen, wie kauderwelsch! S. 25. Sagen Sie ja kein Wort unsrer ohne dies beklemten Thesey S. 26. klingt wie die Unterschrift eines Briefes. Mitempfindlichkeit pretiös! Armseelig für elend! Participia gehören nicht in den Dialog: Haben Sie Mitleid mit einem Haufen trostlos zu Hause schreiender Waysen! Oder wollte der Verfasser versteckte Hexameter anbringen? Die Pachterinn wird S. 28. angeredet: Meine Frau; sie würden. Meine Auserwählte! (S. 42) wie galant! S. 48. auf einer Seite zwey falsch angebrachte Gleichniße: Die Liebe scheine aus meinen Handlungen hervor, wie der lichte Himmel an einem Sommermorgen. Ich will mich über sie alle hinwegschwingen, wie der Adler über die aufsteigenden Nebel der Sümpfe. Der Esquire will gar (S. 60.) seine Tochter mit Füßen treten. Geloffener (S. 61.) Aufgeblähter Wurm (S. 65.) Undank und Verderben ausbrütende Nattern. S. 70.

Der Esquire war Herr Müller, Miß Antonia, Dem. Teutscher, Wilhelm Herr Lange der ältere, Kapitain Derby der gutherzige, Stephanie der jüng. Sidley, Steigentesch, Thesey Dem. Jaquet, Mylord Herr Jaquet

nie de
Dem. Ja

quet, der andre Kapitain Herr von Sternschütz, Arnold Herr Lang der jüngere, Frau Harvey die Pachterinn, Madam Jaquet.

Ein Beweis, wie sehr unsre Zuschauer schon von der jetzigen Seuche des franz. Theaters angesteckt sind, ist, daß dies Stück auch zu Leipzig und Hamburg gespielt worden.

XIX.

Die Hausplage, ein Lustspiel in fünf Handlungen von Joseph Pelzel, Wien bey Trattner S. 99. 8.

Ehestandskömödien haben wir endlich schon genug, und die Xantippen können sich, wenn es sonst etwas helfen will, oft genug gezüchtigt sehn. Es ist sehr wahr, daß ein fruchtbares Genie noch Reichthümer in Materien finden kann, welche man längst für erschöpft hält, aber Anfänger, wie der Verfasser, müssen sich für dergleichen Sujets hüten. Sie werden entweder Nachahmer oder albern. Sie dehnen ihren Stof, sie suchen alle Kleinigkeiten auf, die ihre Vorgänger nicht haben mochten, sie wollen hinzusetzen, sich der Natur noch mehr nähern, die Charaktere noch mehr ausmahlen, einen grössern Reichthum an Scherzen zeigen, kurz sie verfallen ins Possenspiel. So ists Herrn

Pelzel in dieser Komödie gegangen. Eine Ehefrau, die durch ihr Temperament, durch natürlichen Leichtsinn, Eitelkeit, und Muthwillen die Hausplage ihres Mannes wird, ist nach der Milbach oder Flotter, wohl keine Neuigkeit mehr. Wodurch unterscheidet sich also Herr Pelzel? Er treibt ihre Laune bis zu ausschweifender Tollheit, giebt ihr eine Plauderhaftigkeit, die auch den geduldigsten Leser ermüdet, und ihre Einfälle -- sehr gut, daß sie nie ein Franzose lesen, und nie mit der Sprache seiner Koquetten vergleichen wird! Ihr Mann hat Recht, wenn er sie S. 9. eine Possenreißerinn schilt. Um sich desto eher niedrigen Scherz erlauben zu können, macht sie der Verfasser zu einer Schulmeisterinn, und läßt die Handlung in einem böhmischen Städtchen spielen. Alles ist pure Natur, und der Verfasser würde unstreitig sehr glücklich seyn, wenn es ihm gefallen sollte, uns nächstens Häringsweiber zu schildern. Zwar möchten diese Sitten einigen delikaten Zuschauern böhmische Dörfer seyn; aber diese machen ja immer das kleinere Häuflein aus. Der Eheherr der Frau Schulmeisterinn ist aus Grundsätzen geduldig; er thut sich alle Gewalt, seinen Unwillen vor der Welt zu verbergen, so sehr man ihn auch oft darüber verspottet. Abermals kein neuer Charakter! Dieser philosophische Schulmeister tröstet sich nicht etwa mit populairen Gründen, sondern mit höherer

rer Weisheit. Der Verfasser hat vermuthlich an seinem Beispiele zeigen wollen, daß es auch in solchen niedrigen Ständen gelehrte und würdige Männer gebe. Er hat uns einen Sokrates im schwarzen Rocke aufführen wollen. Nur Schade, daß er gar nicht in den Ton des ganzen Stücks paßt, die andern Personen werden durch ihn desto tiefer erniedrigt, und wir lachen über seine weisen Sprüche, die er wie Perlen für die Säue wirft. Er spricht überdies so kostbar, wie irgend ein Theaterphilosoph, und predigt, daß auch gelassenere Leute, als seine Frau, ungeduldig werden müssen. Mit einem Ehepaare war es freilich nicht genug, um ein Stück zu füllen. Nach altem Herkommen wird also ein kontrastirendes hinzugethan. Die Frau tyrannisirt aus Vorsatz, aus angebohrner Hartnäckigkeit, aus bösartigem Eigensinn. Neid, Rangstreitigkeit, Eifersucht erregt zwischen beiden Weibern grosse Kriege, und hilft die Hausplage beider Männer vermehren. Goldoni hat sowohl in seinen **rangsüchtigen Frauenzimmern** als in seiner **neuen Wohnung**, diese weibliche Thorheiten schon gerügt. Hier findet man sie nur in grösserer Karrikatur. Der zweite Ehemann steht aus Blödigkeit unterm Pantoffel, rast sich mannigmal zusammen, um seine Autorität zu zeigen, und macht sich dadurch nur lächerlich. Wieder nichts neues! Er hat wenig mehr zu thun, als zuweilen ein schnackisches

sches Intermezzo zu machen. Doch an einem gedoppelten Ehepaare begnügte sich der Verfasser nicht, er that ein drittes hinzu, und erzeugte dadurch eine verdrüßliche Monotonie. Der dritte Ehemann ist lange nur Rathgeber; erst spät, zeigt es sich, daß er, der andern so viel Herzhaftigkeit gegen ihre Weiber räth, vor seinem eignem Weibe erbebt. Dies zu bestätigen, kommt seine Frau, die sonst nichts im Stücke zu thun hat, und fenstert ihn nach Hause, nachdem sie die Scene vom blauen Hechte gespielt. Wenn der Verfasser auch hier nur den Dufreny gelesen hätte, so würde er diese Scene besser gemacht haben. Dieses dritte Ehepaar ist ein Judenpaar. Denn, nachdem der Jude in den abgedankten Officiers so viel gethan, so hoffe ich, daß man in Zukunft eigene Schauspieler zu dergleichen Rollen wird halten müssen. In eine Schulmeister- und Organistenfamilie paßt er übrigens vollkommen. Herr Pelzel hat sich auch, gleich Leßingen, durch eine Schutzrede um die Juden verdienet machen wollen. Allein wer kann das Gewäsch von drey Seiten, die er damit verschwendet (S. 49. 50. 55.) ohne Eckel lesen, zumal, da die Gelegenheit dazu mit den Haaren herbeygezogen wird? Um nichts zu unterlassen, was zur Belustigung eines hochansehnlichen Auditoriums dienen kann, ist auch noch ein Judenbube angebracht, dessen sein Tatte unstreitig auch

dem

dem schlechtesten Stücke aufhelfen könnte. Die drey tollen Eheweiber müssen ja wohl ihre Anbeter haben? Denn Hahnreyschaft ist doch die gröste Hausplage. Sie haben -- alle nur einen, einen Universalstutzer in seiner Art, dem es aber nicht so wohl um Küsse als um Schmarotzerey zu thun ist. Zu so einem sinnlichen Liebhaber schickte sich allerdings ein Waldbereiter am besten. Seine Freßscene wird den allgemeinen Beyfall aller Gallerien zweifelsohne erhalten. Zur Verzierung dienen nun noch einige episodische Personen: Zwey fremde Schulmeister dienen dazu, den philosophischen Schulmeister zu verspotten. Hannchen, des Schulmeisters Töchterchen, und Fritz des Organisten Knäblein thun sich nach ihrer Art Liebeserklärung. Wozu? Das kann ich nicht errathen. Denn, wenn der Verfasser hier seine Talente zur Naivetät zeigen wollte, so hat er sie sehr schlecht gezeigt. Handlung ist ganz und gar keine, sondern das Ganze ist eine Reihe sogenannter Gemälde, aber von der kalotischen Art. Der seltsame Einfall, Komödie zu spielen, das Kaffeetrinken, das aus dem Hause sperren — solche Sachen vertreten die Stelle der Situationen. Das übrige sind Konversationen. Die Frau Schulmeisterinn gelobt ein Paarmal Beßrung an, ob sie es gehalten hat, wird der Herr Schulmeister wissen. Die andere behalten ihre Hausplage, und verdienen es auch. Am Schluße erscheint noch ein Herr Graf, aber gar nicht als ein Deus ex machina. Denn wo keine Verwicklung ist, findet keine Entwicklung statt. Er soll nur den Schulmeister noch mehr verklären, und, den Gesetzen der poetischen Gerechtigkeit gemäß, die durch so manche Trübsale geprüfte und dennoch nicht unterliegende Tugend belohnen. Der Herr Graf nehmen dabey eine solche Amtsmine an, als wenn sie etwas im Judicio publicirten: Höret mich, die ihr hier versammelt seyd, und theilet meinen Willen allen Gegenden meiner Herrschaften mit. (Wir von Gottes Gnaden ꝛc.) Ehret diesen Mann -- höret mich, ehret ihn als die zweite Person nach mir. Mit wundert, daß er nicht gar eine Proceßion mit ihm anordnet, wie Ahasverus mit dem Mardachai.

Ich sollte vielleicht Proben von dem Witz der Frau Schulmeisterinn auszeichnen; allein dazu fehlt mir Geduld. Man sehe nur gleich S. 8. nach. Sogar der Verfasser des Leipziger Almanachs muß ihr auf einen Einfall verhelfen. Sie fragt ihren Mann, der finster aussieht, ob er Kalender mache. Nun ist ein sinnreicher Uebergang auf die Almanache leicht: (S. 7.) "Du machst Kalender. Ich heisse Eli„sabetha. Setze mich auf einen Frühlingstag; aber „da konntest du mich auf den ersten April setzen,

"das

"das wäre ein übler Streich". Der Herr Schulmeister replicirt mit einer Sentenz: Frau, merke dirs, ein Scherz ist angenehm, so lange er ein Scherz ist. Es ist kein Scherz, so bald er auf jemandes Unkosten geschieht, er artet in Beleidigung aus. Herr Almanachsverfasser merken sie sichs! Wenn der Herr Schulmeister so oft von der andern Hälfte redet; so wird man sehr geneigt, ihn für einen Pedanten zu halten. Stutzigkeit (S. 8.) ist ein ganz neues Wort Pelzelischer Fabricke. Der Organiste ist vermuthlich von dem Schulmeister in der Büchersprache unterrichtet worden. Würde man nicht z. E. folgende Reden aus irgend einer französischen Baronrolle für abgeschrieben halten: "Sie hat sich eine Gewalt über mich "angemaßt, die ich brechen will, ja brechen will "ich das schimpfliche Joch. Von diesem Augen"blicke behaupte ich meine Rechte eines gereitz"ten Ehemanns über ein Weib, die immer nur "das Weib ist, und er der Mann im Hause". (S. 14.) Sogar in der Angabe der Pantomine hat der Verfasser Witz anbringen wollen. Der Organist soll (S 55.) wie der böse Geist aus einen Besessenen in das Haus hineinfahren. Herr Pelzel wird das wohl den Schauspielern selbst vormachen müssen; denn sie werden ihm erwiedern, daß sie in ihrem Leben keinen Teufel austreiben gesehn.

Die Schulmeisterinn war Dem. Jaquet die ältere, der Schulmeister Herr Stephanie der ältere, die Organistin Dem. Teutscher, der Organist Herr Steigentesch, der Waldbereiter Herr Müller, der Jude Jaquet, die Jüdin Dem. Kummersberg, die beiden fremden Schulmeister Herr Heidrich und Herr Gottlieb, Hannchen die jüngere Jaquet, Fritz Lang der jüngere, der junge Graf Lang der ältere.

XX.

Naricko, ein Trauerspiel in einer Handlung von Joseph Pelzel S. 28. Wien bey Trattner 1770. 8.

Unter allen Versuchen dieses Verfassers bewegt dieser am meisten zur Nachsicht. Er hat ein Sujet gewählt, daß nicht wenig Schwierigkeiten mit sich führt, er hatte schreckende Beyspiele von Vorgängern, die mehr Schande als Ruhm dabey eingeerndtet, er hat viele Fehler derselben wirklich vermieden. Noch kein Engländer hat es versucht, diese berühmte Geschichte auf die Bühne zu bringen. Nur zwey Deutsche haben sich in Prosa und in Versen daran versündigt, über die ich auf Herrn Klotzens Bibliotheck (Stück IX. S. 155.) verweisen muß, weil sie unstreitig schon so tief von

von der Vergessenheit vergraben worden, daß sie keiner meiner Leser kennt. Beide renkten eine kleine Erzählung in mehrere Acte aus, ohne sie durch glückliche Fictionen fruchtbarer zu machen. Vielleicht waren sie noch so grosse Verehrer des alten Herkommens, daß sie an den zwey Trauerspielen von einem Acte, die wir haben, eben das für einen Fehler hielten. Herr Pelzel hat uns viel Langeweile erspart, da er alles in einen Act, und noch dazu in dreizehn nicht allzu lange Auftritte zusammengepreßt hat. Unstreitig bewog ihn dies, uns gleich in die Mitten der Handlung zu reißen, ohne mit einer langen Exposition auszuhohlen. Löblich ist es, daß Yaricko nicht erst ihren Lebenslauf erzählt, wie bey einem seiner Vorgänger. Allein Inkles Kampf würde lebhafter und für die Zuschauer intereßanter geworden seyn, wenn kurz vorher eine Scene der Zärtlichkeit zwischen beiden gegangen wäre. So wie ich die Fähigkeiten des Verfassers kenne, so weiß ich gar wohl, daß diese vorangehende Scene etwas frostig ausgefallen seyn würde, und, wenn er sie in der Rücksicht weggelassen: so wäre seine Selbsterkänntniß rühmlich. Daraus würde eine andre Schwierigkeit erstanden seyn, welche für alle, die noch künftig etwa diese Geschichte behandeln wollen, die größte bleiben wird, uns nemlich Stuffenweise bis zu Inkles Entschluß zu führen, der immer noch zu rasch geschieht. Erst eine schmelzende Scene von Zärtlichkeit, eine Ergießung der empfindsamsten Herzen, dann ein Schlag von schrecklichen Nachrichten, dann ein böser Rath, dann wieder Yarickos reitzende Unschuld; dann eine neue Nachricht -- Ein Mensch, der einige Zeit so hin und her geworfen worden, begeht sehr wahrscheinlich eine Uebereilung; in einem solchen Zustande der Unentschlüßigkeit thut man meistens gerade das, was man eigentlich am wenigsten will. Jetzt geht Inkle gleich am Ende der 2ten Scene ab, die Yaricko zu verkaufen; das verräth den Dichter, der über den Stein des Anstoßes lieber hinwegspringen will, als ihn hinwegwälzen, aus Furcht, er möchte ihn, wie den Hermin, begraben. Er faßt zwar nicht den positiven Entschluß; allein über die That dessen, auf den blosse Reden schon so viel vermocht, bleibt uns minder Ungewißheit, als über die Vollziehung eines Entschlusses, der nach langem Schwanken plötzlich gefaßt wird. Ich muß den Verfasser rühmen, daß er Inkles Character, ganz anders als seine Vorgänger, so sehr menagiren wollen, daß er ihn den Entschluß nicht einmal auf der Bühne fassen, geschweige dann ausfüren läßt. Wenn aber Inkle nicht bloß ein Unbesonnener seyn soll, mit dem wir unmöglich sympathisiren können, und der es auch den letzten Scenen des Stücks nach nicht seyn kann, so muß er dem Sturme

der

der Leidenschaften untergelegen haben. In diesen Orkan können sich allerdings Anfänger nicht wagen. Die Triebfedern der Verzweiflung, des Neides, des Eigennutzes, der Liebe, und der Menschlichkeit geben herrliche Situationen, aber nur für den, der sie gehörig gegeneinander spielen lassen kann.

O Inkle, du Barbar; dem keiner gleich gewesen,

die Empfindung rege zu machen, war die Absicht der Erzählung. Sie kann es für den dramatischen Dichter nicht seyn, da sie in der Erzählung nur vorübergehend, im Drama anhaltender und anschauender ist. Hier verfehlt der Dichter seinen Endzweck, wenn er Barbaren, wenn er Unmenschen schildert. Dies hatten die zwey vorigen Verfasser von Trauerspielen über diese Geschichte nicht in Erwägung gezogen. Ich billige es daher sehr, daß es sich Herr Pelzel zum Grundsatz gemacht, Inklen auf alle Weise in unsern Augen zu entschuldigen. Der Zug der Eifersucht, den er in seinen Charakter gelegt, ist ihm eigen. S. 4: "Begley kommt mit Reichthum beladen, kömmt auf meinem eigenen Schiffe zu den Seinigen zurück, ich -- (Er zeigt auf seine Kleidung) dies ist mein ganzer Reichthum." Er giebt ihm einen bösen Rathgeber zu. Er läßt den Handel zwar auf der Bühne schließen, aber Inkle ist nicht dabey. Nicht Inkle, sondern Begley steigert den Preiß, sobald er von

Ya-

Yarickos Schwangerschaft hört. Inkle empfindet, sobald der Kauf vollzogen werden soll, die lebhafteste Reue. Er wirft das Geld wieder hin, Yaricko soll ihm mit Gewalt entrissen werden; selbst die Matrosen empfinden Mitleid. Inkle endlich entleibt sich selbst und seinen bösen Rathgeber. Alle Häßlichkeit und Abscheulichkeit des Charakters, welche seine Vorgänger dem Inkle beigelegt; hat er auf diesen Rathgeber übergetragen. Man hat mit Recht den Bösewichtern im Trauerspiel eine Stelle erlaubt, sobald sie nur als untergeordnete Maschinen gebraucht werden. Man hat mit Recht den Stuckeley im Spieler vertheidigt. Allein, wenn man schon den Stuckeley zu gräßlich gefunden, was soll man zu dem Begley des Verfassers sagen? Stuckeley handelt aus Eigennutz und aus thierischen Trieben: aber Begley verläugnet alle Menschlichkeit aus Temperament, aus Leichtsinn, aus Grundsätzen. Bis ans Ende erwartete ich immer, daß ihm wenigstens ein Douceur wäre versprochen worden, wenn er den Inkle zum Kauf bewegen könnte, oder daß er vielleicht selbst niederträchtige Absichten auf Inklen gelegt. Begley scheint zu sehr nach dem Modell des Belvedere in dem prosaischen Trauerspiel geformt zu seyn. Ich kann mir es denken, daß ein Begley fähig seyn könne, einen solchen Rath zu ertheilen, wie der ist, die Yaricko zu verkaufen; was kann ihn aber bewegen, so lange alle seine Beredsamkeit anzuwenden, bis er den Inkle dahin gebracht hat? Seinem Rathe den Anstrich der Liebe und der Freundschaft zu geben? (S. 4. S. 5.) Warum wirft er mit Grundsätzen um sich, die noch dazu seine Absicht hindern, und so empörend sind, wie folgender: Um mich zu retten, mögen hundert Menschen zu Grunde gehen? (S. 6.) Was kann ihn bewegen, den Handel selbst zu betreiben? Yaricko selbst an Bord zu führen? Ihren Preis zu steigern? Wenigstens in der letzten Scene, ehe er erschossen wird, hätten wir hierüber beruhigt werden sollen. So kann man nicht eigentlich sagen, er habe den Inkle verführt. Die Bewegungsgründe, wie er sie vorträgt, sind mehr abschreckend als überredend. Don Estados würde allein mit seinen achzig Guineen den Inkle eben dahin und vielleicht noch geschwinder gebracht haben. Auf den Charakter der Yaricko, von welcher allein das Stück mit Recht seinen Namen bekommen, hätte der Verfasser billig mehr Fleiß wenden sollen. Sie muß noch mehr als eine Korally, sie muß noch enthusiastischer, noch liebenswürdiger seyn. Wilde Phantasie, naive Unschuld, die heftigste Leidenschaft; alles Theile ihres Charakters, die keinen gemeinen Dichter erfodern. Herr Pelzel ist hier tief so wohl unter den Dichter der Korally als den Dichter der Julie geblieben. In der That, ihre wenige Naivetät kommt kaum der

Naive-

Naivetät eines Lottchen am Hofe, ihre wenige Wärme nicht einmal der Glut einer Betty in der jungen Indianerinn bey. Altem Herkommen gemäß läßt er die Yaricko träumen, und zwar einen sehr alltäglichen Traum. Der Einfall ist recht gut, wenn sie sich S. 11. eine Idee vom Sklavenhandel machen läßt, aber viel rührender hätte die Betrachtung über diesen die Menschheit entehrenden Handel gerathen können. Man vergleiche Saint = Lamberts Erzählung: Zimeo und seine Anmerkungen über die Negern. Es macht dem Verfasser Ehre, wenn Yaricko bey dem Handel, der auf der Bühne geschlossen wird, gar nicht weiß, was mit ihr vorgeht. Der Verfasser hat es vielleicht für zu empörend gehalten, vor unsern Augen ihren Preis deswegen steigern zu lassen, weil sie schwanger ist. Allein die wenigen und natürlichen Worte, gegen ihre Käufer und Verkäufer gesagt: **Mich, die ich schwanger bin**, sind von grösserer Wirkung, als ein feierliches Gebet (S. 16) welches nur ein plötzlicher Einfall ist, und das sie thut, ohne zu wissen, daß sie verhandelt worden. Indessen hat mir die Wendung dieses Gebetes wohl gefallen. Sie fällt auf die Knie, mit dem Gesicht gegen den Aufgang der Sonne: "O du --- die zarteste Pflanze wächst unter "deinem Himmel hoch auf — Sonne! dein "mächtiger Strahl zeitigt jede aufkeimende "Frucht, o beseele zur Reife, die unter meinem "Herzen

"Herzen dir zuruft." Was indessen die Delikatesse unsrer europäischen Schönen zu diesem indianischen Gebete sagen möchte, lasse ich unentschieden. Recht sehr schön ist der Gedanke, daß Yaricko auf ihren Inkle so wenig Verdacht, wirkt, daß sie seine Abwesenheit einem ähnlichen Unglücke zuschreibt: "Wo ist Inkle? Ach er ist verkauft! Inkle ist auch verkauft!" (S. 21.) Endlich muß ich es noch rühmen, daß sich Yaricko (S. 26.) entleibt, ohne vorher etwas zu sagen, oder noch nachher lange zu sterben. Des Kontrastes mit Begley und Inkle wegen hat der Verfasser einen alten Greis Sorrowgrey eingeflochten. Allein seine Güte ist eine viel zu allgemeine Güte, als daß sie uns sehr rühren könnte. Nicht einmal sein Alter ist gehörig benutzt worden. Warum gab ihm der Verfasser keine charakteristischen Züge, wie z. E. Chamfort seinem Quäcker Mobrai? Zur Handlung trägt er gar nichts bey. In der plauderhaften vierten Scene, die von einer Materie zur andern hüpft, gerade wie in Gesprächen, die nur gehalten werden, die Zeit hinzubringen, hätte seine Stelle eben so gut irgend eine Zofe vertreten können. Wie kann Sorrowgrey über Beglys Absichten im fünften Auftritt noch so ungewiß bleiben? Warum unterrichtet er die Yaricko nicht, was mit ihr vorgeht? Mit seinem Kopfschütteln (S. 16.) ist es nicht gethan. Warum hat er keine Scene mit dem Inkle?

Er bietet zwar (S. 29.) Geld, er geht zwar (S. 24.) eine andre Sklavinn statt der Naricko zu suchen, aber wir bekommen ihn nicht wieder zu sehen.

Die Sprache des Herrn Pelzel ist zwar so ziemlich rein von Sprachfehlern und Schwulste, allein sie besteht aus den locis communibus, die jeder Heroidendichter brauchen würde. Es ist die gewöhnliche Rednersprache der Trauerspieldichter, bey der sich sanft entschlafen läßt. Da sieht man nichts, das blos für diese Situation, für diesen Charakter gehörte, kein inniges Sentiment, woraus der Kenner des menschlichen Herzens hervorleuchtete. Es ist das alltägliche Pathos der Trauerspieldichter, das so oft parodirt worden, nicht die Sprache der Natur. Wie sehr seinem Ausdrucke Süssigkeit, und blühendes Kolorit fehle, habe ich schon bey dem Charakter der Naricko erinnert. Poetische Prosa verzeiht man nur der Indianerinn. Aber auch andre Personen des Verfassers verfallen darein. So sagt z. E. Sorrowgrey S. 10. Wie verscheucht ist sie! Wie ein auffahrendes Reh, das der Knall des Feuerrohres aus seinem Schlafe geschreckt! Besonders hilft sich der Verfasser in der Affektensprache mit poetischen Ausdrücken, und Strichen: Man sehe die Monologen des Inkle. S. 20. finde ich gar ein verstecktes Metrum. Lassen sich nicht folgende Worte ordentlich skandiren: Dort windet sie sich;

am

am Boden das Haupt, im Staube das Haar, die Erde benetzt mit Thränen -- ein Kreis erhärteter Wucherer um sie! Ist es wohl noch prosaischer Dialog, wenn Inkle S. 21. sagt: Ich bin das gröste Ungeheuer, das je die Sonne gebrütet! Wer sagt wohl im Dialog: Ich verwerflichster! oder S. 22. Ich will mich entgegen stämmen, wie ein Berg, ingleichen, sonst streckt ihn mein Arm, den die Wuth schwellt! S. 26. Ein Gram, schwer, wie der Erdboden. Eine Thräne, hart wie ein Felsen, was ist das für ein Ding? Dieses Stück ist übrigens in Wien gespielt worden. Yaricko war Demoiselle Kummersberg, Inkle Herr Lang der ältere, Begley Herr Müller, Sorrowgrey Herr Stephanie der jüngere, Don Estrados, Herr einer Pflanzstadt, welcher die Yaricko kauft, Herr von Sternschütz, Don Braylos sein Neffe, welcher die Yaricko mit Gewalt abhohlt, Herr Steigentesch, und der Schiffschreiber Herr Lang der jüngere.

XXI.

Die unähnlichen Brüder, oder Unglück prüft das Herz, ein Originallustspiel von Johann Heinrich Friedrich Müller, Mitgliede der kaiserl. königl. Schaubühne in Wien. Wien bey Trattner 1771. S. 102. 8.

Es ist ein trauriger Gedanke, welchen uns Herr Pfeffel bey allen Gelegenheiten einschärft,

schärft, daß das Schlechteste der Franzosen für uns immer noch ein Leckerbissen seyn müße. Beinahe möchte man mit ihm einstimmen, wenn man sieht, daß unsre **Originallustspiele** nach einem schlechten französischen Stücke von der Zwittergattung, wie sie jetzt Frankreich überschwemmen, gemodelt werden. Die wesentlichsten Situationen in den unähnlichen Brüdern sind aus dem wahren Philosophen von Araignon entlehnt, der im dritten Theil von Pfeffels theatralischen Belustigungen steht: Die Härte des Vaters, die Enterbung des Sohnes, die Tücke des Schmeichlers, die Scene, wo Sophie unter einem fremden Namen mit dem Vater ihres Mannes spricht, die erdichtete Armuth des Graf Isidor, der Bankerott des Grafen Romenau. Um des lieben Kontrastes willen ist der Kammerjunker hier ein schändlicher Mensch geworden, da er dort nur ein Geck war. Karoline erscheint hier unter dem Namen Amalia veredelt. Ihre und des Obristen Großmuth ist weit mehr outrirt, ja Sophie muß S. 96. auch die nemliche Großmuth bezeigen. Das ist doch wohl keine sehr sinnreiche Erfindung, welche nur Monotonie in das Stück bringt. Araignon gab doch noch Auftritte voll Zärtlichkeit zwischen den Obristen und seiner Gemahlinn; hier findet man gar keine. Sonnenstein hat

beim

beim Araignon doch noch Regungen der väterlichen Zärtlichkeit (Pfeffel S. 175.) Rosmenau stößt zwar den revoltirenden Fluch nicht aus, er ist aber dennoch viel tyrannischer. Die Verstellung der Sophie ist hier weit weniger vorbereitet. Britt wird hingegen weit besser durchgeführt, vornemlich hat mir es gefallen, wenn beyde Bösewichter sich entzweien, so bald ihr Eigennutz collidirt. Araignon hatte sein Stück mit so viel episodischen Charaktern und Scenen überladen, daß die Schaale zehnmal grösser war als der Kern. Herr Müller hat an deren Statt so genannte diderotische Scenen hingesetzt, aber ich will doch lieber statt aller Gemälde charakteristische Reden lesen. Zerstreuen diese gleich meine Aufmerksamkeit, so ist Zerstreuung doch besser als Langeweile. Pfeffel hatte schon aus dem moralisirenden Erhart einen Pedanten gemacht, hier ist gar die Karrikatur eines Pedanten. Das Romanenhafte zu vermehren hat Herr Müller ein Duell zwischen beiden Brüder hinzugethan. In der ganzen sechsten Scene des ersten Akts sind Britt und Karl stumme Personen. Wenn man den Dialog nicht zu vertheilen weiß, muß man nicht so viel Personen zugleich aufs Theater bringen.

Die edle Sprache hat Herr Müller gar nicht in der Gewalt; seine komische will mir eben so wenig gefallen. S. 4. sagt Fach zu seinem Schreiber: Mache er mir, wo seine Sachen stehen, ein Eselsohr. Auseinander kennen für von einander unterscheiden ist Wienerisch. Die ganze schöne Pantomine des Schreibers S. 6. ist wohl nur der Gallerie zu gefallen angebracht. Der vermögliche für der begüterte ist ganz neu. Johann sagt: S. 8. Wie nahe ist mir Gott in dem Herzen dieses Fräuleins; aber er kann Ihnen noch mehr, noch etwas besseres geben, als ein solches Herz. Diesem hat es gerathen für diesem ist es gelungen. S. 15. Das Fuchteln S. 20. soll vermuthlich Lachen erregen. Ein Mann, wie Britt, sollte sich wohl edler ausdrücken, als: Nur nicht mit Prügel dreingeworfen! S. 22. Welcher Bösewicht wird wohl

seine

seine Grundsätze so detailliren, wie S. 23. geschehen. S. 28. wird der Verfasser gar poetisch: Freundschaft! geheiligter Namen, erster Hauch der Gottheit in das Herz des Menschen! Araignon hat es deucht mich besser gemacht, wann er den Bösewicht dem Vater vor der Unterredung mit s. Sohne das Gift einflößen läßt; dies macht die unnatürliche Hartnäckigkeit des Vaters wahrscheinlich. Hier sucht er nur den Vater zu bestärken. Ihre Tugend ist nicht ein Putzstück zur Schau ausgekramt! S. 43. S. 49. ist es ein abgenutzter Kunstgrif die Scenen zu verbinden, daß die eintretende Person die letzteren Worte der vorigen Rede gehört hat. S. 55. hat der Deutsche auch eine Ohnmacht vor dem Franzosen voraus, die freilich zu den Hauptingredienzen der rührenden Komödie gehört. Aus jemandes Absichten treten. S. 59. Das Geplaudere der beiden Bedienten S. 62. und ihr elender Witz ist vollkommen deutsch, würde ein Franzose sagen, wenn er sein metamorphosirtes Stück sähe. Der feine Einfall vom Stockfische wird so gar wiederhohlt. Die

widerwärtigen Zufälle sind Hände des Höch- stens, womit er nach uns greift S. 68. S. 79. hat wohl gar das Ich der Medea nach- geahmt werden sollen.

Druckfehler.

S. 5. Z. 8. von unten wit lies mit
– 24 – 12. alten lies Alten
– 33 – 18. affecirt lies affectirt
– 35 – 2. von unten Bosch lies Bösch
– 37 – 13. streiche sind weg
– 41 – 8. streiche einmal ins weg
– 46 – 17. uns lies und
– 63 – 12. mit lies in
– 75 nach der 13ten Z. fehlt folgender Vers:
Der seinen Thron mit Weisheit ziert,
80 – 8. von unten läß lies läßt
– – 7. Schuster lies Schösser
81 – 5. zu lies ja
82 – 2. zu Anfang streiche ge weg
94 – 9 Empfindung lies Erfindung
– – 16. Akkompagnemens lies Akkompagnement
95 – 7. von unten, ein lies mein
97 – 6. von unten Formate lies Fermate
98 – 9. Septenaccord lies Sextenaccord
– – 11. Septett lies Sextett
– – 21. Orsis lies Arsis
99 – 5. und lies aber
113 – 2. in meine lies nicht in meine
121 – 6. von unten, wen lies wenn
129 – 1. Barthel lies Susanne.

www.ingramcontent.com/pod-product-compliance
Lightning Source LLC
Chambersburg PA
CBHW020851270326
41928CB00006B/646

* 9 7 8 3 7 4 4 7 0 2 0 2 7 *